La vraie vie chrétienne
à la suite de saint Dominique

Frères de Notre-Dame-du-Rosaire
105 route du Rossignol
24380 ST-PAUL-DE-SERRE, FRANCE
🖳 https://dominicains-rosarium.fr

Père Raymond Verley O.P.

La vraie vie chrétienne
à la suite de saint Dominique

Conférences de carême

2021

© 2021 Frères de Notre-Dame-du-Rosaire

Édition : BoD - Books on Demand,
12-14 rond-point des Champs-Élysées, 75008 Paris
Impression : BoD - Books on Demand, Norderstedt,
Allemagne

Illustration : Le Jugement dernier (détail)
Fra Angelico

ISBN : 978-2-3222-5069-1
Dépôt légal : mai 2021

*Au Père des Prêcheurs, monté au ciel il y a huit-cents ans,
qui livra aux Frères de son Ordre cet admirable testament:*

« Voici, Frères très chers,
ce que je vous laisse
pour que vous le teniez comme des fils
par droit d'héritage :
Ayez la charité, gardez l'humilité,
possédez la pauvreté volontaire. »

LA VRAIE VIE CHRÉTIENNE

Où qu'il se trouvât, maître Dominique parlait sans cesse de Dieu ou avec Dieu, et il exhortait ses frères à en agir de même. [...] Quand ils voyageaient ensemble, le témoin l'a vu prier, prêcher, s'adonner à l'oraison et à la méditation de Dieu. [...] Maître Dominique lui disait, ainsi qu'à ses autres compagnons : « Allez en avant et pensons à notre Sauveur ». Et il l'entendait gémir et soupirer[1].

Lorsqu'un homme réunit habituellement toutes ses pensées, toutes ses paroles sur un même objet, il est clair que là se trouve le cœur de sa vie. Saint Dominique était investi à un haut degré par la grâce de Notre-Seigneur Jésus-Christ. Le huit-centième anniversaire de son entrée au ciel, le 6 août 1221, nous fournit l'occasion de le présenter comme un guide sûr pour raviver en nous l'idéal de la vraie vie chrétienne.

En quoi consiste essentiellement cette authentique vie chrétienne ? Il est bon de nous le demander en ce début de carême. Cette sainte quarantaine – quarantaine hautement justifiée celle-là – c'est la retraite annuelle de la chrétienté. Elle est destinée à remettre de l'ordre dans notre vie, à replacer l'essentiel à sa juste place.

Or, on rencontre fréquemment, même parmi les catholiques fidèles, des conceptions de la vie chrétienne fort incomplètes :

---

[1] Déposition de Frère PAUL DE VENISE au procès de canonisation de Bologne, juillet 1233.

- Certains s'efforcent surtout d'observer les commandements, de pratiquer les vertus, *en vue d'éviter l'enfer et d'obtenir la béatitude éternelle*. Ils ne font pas mal, sans doute, mais c'est la *religion du minimum* : « Jusqu'où puis-je aller sans mettre en péril mon salut ? ». Les fidèles de l'Ancienne alliance n'en faisaient pas moins...
- D'autres envisagent la vie chrétienne essentiellement comme l'*accomplissement sérieux* de leurs devoirs, conformément à l'Évangile. C'est mieux. Cependant, Dieu n'est pas seulement le législateur du chrétien ; il en est le but.
- Un plus petit nombre de chrétiens fervents s'élèvent plus haut : ils *servent* Dieu fidèlement, humblement, avec esprit de sacrifice. Ils tâchent d'élever leur vie quotidienne à la hauteur d'un service divin. Voilà qui est beau ! Mais est-ce bien là *tout* l'Évangile ?

Certes, Notre-Seigneur, dans l'Évangile, a souvent loué le service de Dieu selon ces trois conceptions. Il n'est nullement mauvais en soi. Mais comment définit-il la plénitude de la vie chrétienne ?

> *Je ne vous appellerai plus serviteurs, car le serviteur ne sait pas ce que fait son maître ; vous, au contraire, je vous ai appelés mes amis, car tout ce que j'ai appris du Père, je vous l'ai fait connaître* (Jn 15, 15).

Voilà l'originalité de la vie chrétienne, ce qui la distingue d'un simple *service*. La vraie vie chrétienne résulte d'une nouvelle naissance.

> *Vous êtes morts*, nous répétera saint Paul à Pâques, *et votre vie est cachée avec le Christ en Dieu* (Co 3, 3).

La vie chrétienne naît d'une *union profonde des vues, des désirs, des volontés de l'âme avec celles de Dieu* ; l'amour – un amour d'amitié authentique – devient la *racine essentielle de la vie*. L'âme chrétienne cherche, dans le menu de ses actions quotidiennes, à répondre adéquatement à l'amour de Dieu. Cela simplifie considérablement la vie spirituelle, selon la formule célèbre de saint Augustin : « Aime et fais ce qui te plaît ».

LA VRAIE VIE CHRÉTIENNE, A LA SUITE DE SAINT DOMINIQUE

La vraie vie chrétienne est la vie éternelle commencée sur la terre, et qui se consommera au ciel. Elle consiste essentiellement en la connaissance surnaturelle de Dieu, connaissance mêlée de désir et d'amour : c'est la vie théologale de foi, d'espérance et de charité.

La vie éternelle, c'est qu'ils vous connaissent, vous, le seul vrai Dieu, et celui que vous avez envoyé, Jésus-Christ (Jn 17, 3).

Puis cette vie rayonne sur le monde à travers l'activité morale du chrétien.

Que votre lumière brille devant les hommes, afin que, voyant vos bonnes œuvres, ils glorifient votre Père qui est dans les cieux (Mt 5, 16).

Nous envisagerons, au long de ce carême, ces différentes facettes de notre vie chrétienne, de cette vie éternelle commencée.

1ʳᵉ conférence
LA PASSION DE LA VÉRITÉ

SAINT DOMINIQUE est né en Vieille Castille, à Caleruega, non loin de Burgos, vers 1171, au temps de la lutte pour la reconquête de la péninsule sur les Maures. Ce combat pour la foi et la civilisation a marqué profondément l'âme castillane, a forgé des tempéraments *passionnés*, prêts à *engager* leur vie pour l'Église et la vérité. Dominique de Guzman, issu d'une famille de petits seigneurs, connut l'austérité d'un donjon médiéval sous un climat rude – la neige l'hiver, la canicule l'été –, avant d'être confié, vers l'âge de six ans, à son oncle prêtre pour son éducation. Il poursuivit ses études aux Écoles de Palencia quand il eut quatorze ans. Très tôt, une vocation sacerdotale se dessina. Il rejoignit les chanoines réguliers réunis autour de l'évêque d'Osma et fut ordonné prêtre à vingt-cinq ans.

Ainsi, chez ce jeune homme, la foi reçue au baptême s'est-elle épanouie de façon toute droite, nourrie par les enseignements reçus de sa mère, de son oncle, de ses professeurs, sous l'action de la grâce de la prière et des sacrements. Il *vivait de la foi*, selon l'expression énergique de saint Paul (Ga 3, 11). Une foi d'autant plus ferme que l'Espagne du nord était confrontée au voisinage de l'Islam. Nombreux étaient les soldats réduits en esclavage, nombreux les chrétiens mozarabes qui fuyaient la cruauté des Almohades pour se réfugier en Castille.

Quelques années plus tard, en 1203, un événement marque profondément Dominique. Alors qu'il accompagne son évêque pour une mission diplomatique, au Danemark, il se trouve confronté avec l'hérésie des Albigeois, solidement implantée dans le comté de Toulouse, hérésie qui ébranlait tout l'ordre social.

Pour ces Néo-manichéens, le monde, au lieu d'être la création d'un Dieu bon, était l'œuvre et le jouet d'un être malfaisant, le dieu mauvais, qui partageait l'éternité avec le dieu bon, créateur, lui, des esprits. L'œuvre de la Rédemption n'avait été qu'un simulacre, puisqu'un être divin ne saurait souffrir dans sa chair et mourir. La grâce et les sacrements ? Une illusion. Les dogmes de la vie future étaient remplacés par la doctrine de la transmigration des âmes d'un corps dans un autre. Les âmes étaient des anges tombés dans la matière, sous la domination du dieu du mal. Le mariage, parce qu'il conduit à la procréation de nouveaux êtres corporels, ne pouvait qu'être condamnable. Ces hérétiques étaient soutenus par la noblesse locale, heureuse de s'émanciper de l'Église et de ravir ses biens temporels. Ils séduisaient aussi les simples par des apparences de vie austère et par des œuvres sociales.

En découvrant la propagation de cette lèpre, le cœur de Dominique se serre. Il se sent ému d'une profonde compassion pour ces âmes innombrables, abusées et marchant vers leur perte éternelle. Un soir, dans une auberge de Toulouse, il s'aperçoit que son hôte est cathare. Il l'oblige alors à rendre raison de sa croyance. Toute la nuit se passe en discussions brûlantes. Avec force, Dominique argumente sans défaillance ; avec amour, il persuade. L'homme ne peut résister : lorsque le jour se lève, il se rend à la lumière. Dominique, oubliant la fatigue d'une journée de voyage, n'a écouté que sa foi et sa charité pour ramener cet homme à la vérité.

> *Dominique s'en alla joyeux d'avoir gagné son frère, bouleversé du contact intime pris avec l'hérésie, tout animé par ce premier succès apostolique* [2].

---

[2] Père Marie-Humbert VICAIRE O.P., *Histoire de saint Dominique*, Paris, Cerf, 1957, t. 1, p 125.

Grandeur du don de la foi

Cet épisode, décisif pour la vie entière de notre saint, doit nous faire prendre conscience à nous aussi du précieux trésor de la *foi*.

Pour la plupart, nous avons été baptisés peu après la naissance. Lorsque nos parents, puis nos maîtres nous ont enseigné peu à peu les vérités de la religion, notre âme les a assimilées docilement ; la lumière surnaturelle a éclairé notre intelligence, lui découvrant l'origine de l'univers et la destinée de l'homme. Cela s'est établi comme une évidence. Nous n'éprouvons guère, du moins habituellement, que cette lumière a été *et demeure chaque jour* un don de Dieu, et, malheureusement, la plupart n'éprouvent qu'indifférence pour ce don de la foi. Les convertis, eux, ont expérimenté combien la foi réalise vraiment une nouvelle naissance.

Quiconque croit *que Jésus est le Christ, est* né *de Dieu*, écrit saint Jean (1 Jn 5, 1).

Théodore Ratisbonne relate ainsi ce qu'il éprouva lors de son baptême :

*Je goûtais délicieusement les effets sensibles du baptême ; ils sont ineffables. Je les comparerai volontiers aux émotions d'un aveugle-né qui verrait pour la première fois la clarté du jour. Oh ! c'était bien la vie qui me pénétrait... j'éprouvais des sentiments inexprimables de joie, de liberté, de dignité, de reconnaissance ; il me semblait que toute la nature me souriait, et qu'*une lumière nouvelle *éclairait le monde ;* je voyais toutes choses sous un autre point de vue* [3].

Et voici le témoignage de Jean-Marie Élie Setbon, un rabbin converti dans les années 2000 :

La première conséquence de cette illumination est un changement total de repères. Avant, j'avais le désir du Christ. Maintenant, j'ai une foi aimante en la personne même de Jésus. Avant,

---
[3] *Les Pères Ratisbonne et Notre-Dame de Sion*, Paris, Beauchesne, 1931, p. 36.

mes références étaient la Bible, le Talmud et les maîtres que j'ai eus au cours de ma formation rabbinique. [...] Subitement, le Christ est devenu la référence, le fondement, la source de tout. Aucun théologien ne peut convaincre quelqu'un de renoncer à sa façon de voir le monde, à ce qu'il pense, à ses valeurs. Il n'y a que la grâce [4].

Oui, la clarté surnaturelle de la foi, reçue au baptême, continuée à chaque instant par l'action de la grâce divine, a la vertu d'*élever incomparablement notre intelligence*, de rectifier son regard sur Dieu et sur le monde, mais encore de purifier l'âme de l'orgueil ! Car l'adhésion de la foi suppose la défiance de soi, la confiance en Dieu, le renoncement à ses idées propres.

Nature de la foi

Le processus de la foi

Mais qu'est-ce que la foi au juste ? C'est une vertu surnaturelle, greffée par Dieu sur notre intelligence, qui a pour effet de la faire assentir, adhérer, à des vérités qui lui sont inaccessibles avec les seules forces de sa nature. Saint Paul la définit : *Argumentum non apparentium*, une conviction des réalités qu'on ne voit pas. Et saint Jean Chrysostome :

> La foi est une vue de ce qui est caché, et elle nous donne sur l'invisible la même certitude que celle que nous avons pour les choses qui sont sous nos yeux. Ce dont la réalité ne paraît point encore, la foi nous en donne la substance, ou plutôt, elle l'est elle-même [5].

La foi élargit ainsi incroyablement les horizons de l'homme, lui donne accès à la plus grande réalité, Dieu Trinité, le sort de l'illusion qui tend à réduire le réel au seul univers corporel. Et cependant, cette connaissance, bien que très ferme, plus ferme même que la science humaine, reste *obscure* : « Nous voyons

---

[4] Jean-Marie Élie SETBON, *De la kippa à la croix*, Paris, Salvator, 2007, p. 160.
[5] Cité par l'abbé Auguste CRAMPON dans : *Le Nouveau Testament*, Paris, Nouvelles éditions latines, 2015, p. 269, note sur He 11, 1.

dans un miroir, d'une manière obscure », écrit saint Paul (1 Co 13, 12).

C'est assez mystérieux ! Sous l'influx de la grâce, l'intelligence humaine souscrit, non au jugement de sa lumière naturelle, non à ce qui peut lui apparaître de la vérité intrinsèque des vérités de la foi, mais elle se fie à l'autorité de Dieu, et adhère à tout ce qu'il révèle par Notre-Seigneur Jésus-Christ. La connaissance procurée par la foi est intimement liée à cette activité de la volonté, qui pousse l'intelligence à croire.

Le premier concile du Vatican en 1870, explique :

> Pour que l'hommage de notre foi soit conforme à la raison (Rm 12, 1), Dieu a voulu que les secours intérieurs du Saint-Esprit soient accompagnés de preuves extérieures de sa Révélation, à savoir des faits divins et surtout les miracles et les prophéties qui, en montrant de manière impressionnante la toute-puissance de Dieu et sa science sans borne, sont des signes très certains de la Révélation divine, adaptés à l'intelligence de tous [6].

L'adhésion apparaissant donc raisonnable, la volonté meut l'intelligence à croire. Nous trouvons ainsi en présence : l'influx de la grâce, la libre obéissance de la volonté qui acquiesce et coopère à cette grâce, et l'adhésion de l'intelligence. La foi est, certes, un don de Dieu, mais l'acte de foi est aussi une œuvre salutaire et méritoire, parce qu'il est volontaire.

Il y a encore davantage. Le chrétien ne se contente pas de recevoir ce qui serait un corps de doctrine abstrait, il se *livre* à quelqu'un ! C'est le sens des premiers mots du Symbole des Apôtres : « *Credo in Deum*, je crois *en* Dieu ». Cette expression traduit bien la part de confiance et d'abandon qu'il y a éminemment dans la foi en Dieu. Le chrétien reconnaît le Dieu trinitaire comme la fin ultime de son existence et se *soumet* à ce Maître intérieur.

> Croire, ce n'est pas seulement donner son esprit à la vérité, c'est livrer toute son âme et tout son être à celui qui parle et qui

---

[6] Heinrich DENZINGER, Adolf SCHÖNMETZER, *Enchiridion symbolorum definitionum et declarationum de rebus fidei et morum*, Freiburg, Herder, 1976, n° 3009.

est la Vérité. Croire, c'est vivre, et cette vie est la vie même, écrit le chartreux Dom Augustin Guillerand [7].

Une vie

La foi n'est pas seulement une adhésion de l'intelligence. Elle nous fait entrer dans la vie éternelle. Le rite du baptême l'affirme avec concision dans le bref dialogue par lequel commence la cérémonie. Mgr Lefebvre aimait à commenter ce passage :

> La première fois que nous avons pris contact avec l'Église, le prêtre a demandé : « Qu'est-ce que vous demandez à l'Église de Dieu ? » Qu'est-ce que vous voulez, qu'est-ce que vous venez faire ici ? Et nos parrains et marraines ont répondu pour nous : « Nous demandons la foi. Fidem. » Et le prêtre continue : Pourquoi demandez-vous la foi ? « Que vous procure la foi ? – La vie éternelle, vitam æternam... » C'est merveilleux... Dans ces deux questions qui paraissent insignifiantes, qui sont prononcées en un instant, c'est merveilleux... C'est tout le programme de notre vie, de notre vie ici-bas et de notre vie dans l'éternité. Vivre de la foi, nous demandons la foi... pourquoi ?... parce que c'est le chemin de la vie éternelle [8].

Au ciel, la béatitude consiste essentiellement à connaître Dieu face à face, sans intermédiaire et avec évidence. L'amour béatifique accompagne bien sûr cette connaissance. Ici-bas, la foi est déjà un commencement du ciel, parce que nous commençons à connaître Dieu tel qu'il est, même si c'est sans évidence.

> Celui qui croit au Fils a la vie éternelle ; mais celui qui ne croit pas au Fils ne verra pas la vie ; mais la colère de Dieu demeure sur lui (Jn 3, 36).

La raison humaine, créée par Dieu, éprouve un besoin inné de vérité, de La Vérité. C'est sa vie ! Dom Guillerand écrit :

> La foi unit une âme à l'âme qui lui parle. Le Credo est déjà une communion.

> La vie est un rapport intime entre deux êtres qui les fait passer l'un dans l'autre. L'être supérieur communique à l'autre la vie su-

---
[7] Cité par : André RAVIER S. J., Dom Augustin Guillerand, Paris, Desclée De Brouwer, 1965, p. 119.
[8] Mgr Marcel LEFEBVRE, Conférence spirituelle à Écône, le 13 janvier 1987.

périeure. *Quand je mets mon corps en relation avec l'air ou les aliments matériels, je fais vivre mon corps. Quand je mets mon intelligence en contact avec des pensées, je nourris mon intelligence et je développe sa vie. Quand je mets mon âme en contact avec votre âme, Seigneur, votre âme devient mon aliment divin, elle me communique sa propre vie et je possède vraiment la vie éternelle :* « Credo ! »[9]

Ce besoin a été diminué par le péché originel et ses suites. La foi le restaure et l'affermit. L'âme chrétienne est douée

> *[d']une inclination très puissante pour les vérités de la foi, et [d']un besoin très pressant de les recevoir pour se les assimiler, s'en nourrir, et passer, dans la foi, de [la vertu] à l'acte*[10].

On pourrait comparer l'enseignement de l'Église pour le chrétien au sein de la mère pour le nouveau-né. Il en a besoin, il le réclame. S'il ne le trouve pas, s'il lui est refusé, c'est la mort.

Les jeunes enfants auxquels leurs parents ou les prêtres exposent les mystères manifestent cet appétit. Rappelez-vous, par exemple, ce que Sœur Lucie raconte de sa petite cousine Jacinthe Marto, les questions qu'elle posait sur l'éternité, l'au-delà et l'enfer. De même la jeune Thérèse Martin se cachait dans les plis des rideaux de son lit pour « penser », comme elle disait.

Si ce goût pour la doctrine, si cet éveil de l'intelligence manquent, il y a lieu de s'interroger sur l'état de notre vertu de foi. N'est-elle pas endormie, anémiée, faute d'en avoir exercé les actes ? Est-ce que la foi est pour nous une VIE, est-ce qu'elle change notre vie ou bien est-elle seulement un ensemble de vérités qui dorment dans l'armoire de notre savoir ?

Chez saint Dominique, la *faim* et la *soif* de la vérité le portaient à *l'étude* dès son adolescence. Un témoin rapporte :

---
[9] Dom Augustin GUILLERAND O. Cart., *Liturgie d'âme*, Rome, Benedettine di Priscilla, 1959, p. 35.
[10] Père Emmanuel ANDRÉ O.S.B., *Lettres à une mère sur la foi*.

> *Il exhortait les frères de l'Ordre à étudier sans relâche le Nouveau et l'Ancien Testament. [...] Il portait toujours sur lui l'Évangile de saint Matthieu et les épîtres de saint Paul, et les étudiait beaucoup, jusqu'à les savoir presque entièrement par cœur* [11].

Dès la fondation de la première communauté à Toulouse en 1215, il conduisait ses six premiers frères au cours de théologie de Maître Stavensby. Et il a voulu que l'étude remplaçât dans son Ordre le travail manuel, en dépit de la tradition antérieure des moines et même des chanoines réguliers.

La foi se distingue du sentiment religieux

Un danger menace celui dont la foi est endormie. La vie de foi, si elle ne se développe, risque fort de disparaître et de se transformer insensiblement en pur *sentiment*. C'est souvent le cas aujourd'hui, sous la pression de l'athéisme social, de l'indifférentisme religieux, du rationalisme ambiants des médias et des institutions d'enseignement.

Le père Emmanuel André au début du XX° siècle mettait en garde contre une équivoque :

> *Quand le manque d'instruction chrétienne, ou quand une éducation systématiquement impie a fait perdre à un chrétien le don de la foi qu'il avait reçu à son baptême, il y reste ordinairement une certaine* ressemblance de foi, *qui nous peut tromper et amuser vainement. [...] C'est une foi en image, ou si vous voulez, en imagination ; c'est ce qu'on appelle, dans une certaine langue, des* sentiments religieux. *[...] Un fonds de* bienvaillance *plus ou moins vivement senti de l'homme pour Dieu ; une sorte de* politesse, de bon ton, de bon goût de l'homme vis-à-vis de Dieu *: oui, tout ce que l'on voudra dans ce genre qui oblige peu, qui ne gêne point, qui s'accommode à tout, se prête à tout, ne compromet rien : c'est là, le plus souvent, ce qu'on entend par des sentiments religieux, mais ce n'est pas là la foi* [12].

---

[11] Déposition de Frère JEAN D'ESPAGNE au procès de canonisation de Bologne, juillet 1233.
[12] Père Emmanuel ANDRÉ O.S.B., *Lettres à une mère sur la foi*.

Le sentiment religieux, qui est un mouvement subjectif *purement naturel*, suite naturelle de notre qualité de créatures, peut s'accommoder de toutes les religions, voire de la franc-maçonnerie. La « foi », dans l'hérésie moderniste condamnée par le pape saint Pie X, et dont les métastases ont aujourd'hui atteint toute l'Église, n'est rien d'autre que ce sentiment religieux à teinte chrétienne. Comment ne pas reconnaître dans les lignes du père Emmanuel une description de l'état de nombreux chrétiens, qui pensent avoir la foi, sans pourtant s'attacher à un *credo* bien défini ? Ils se guident plutôt d'après leur sentiment propre que d'après les enseignements de l'Église. Ils fréquentent peut-être leur paroisse, accomplissent certains actes de la vie chrétienne avec une ressemblance de la foi, avec des sentiments religieux, mais *non avec la foi*. Or le sentiment naturel est radicalement *impuissant* contre le péché, *incapable* de justifier l'homme, de le sanctifier. Il serait encore bien davantage incapable d'affermir l'homme jusqu'au martyre. Les premiers chrétiens avaient bien la foi, et non un simple sentiment religieux !

La cause efficiente de la foi

Mais alors, comment notre foi va-t-elle se développer, croître, s'affermir ? Que pouvons-nous faire, que *devons*-nous faire pour augmenter notre foi ?

Deux éléments sont nécessaires pour croire, nous explique saint Thomas d'Aquin [13]. D'une part que les vérités de la foi nous soient *enseignées*, de façon à croire d'une manière explicite ; d'autre part, que nous y donnions notre *assentiment*.

L'enseignement de la foi

En effet, s'exclame saint Paul :

---

[13] Saint THOMAS D'AQUIN, *Somme théologique*, II^a-$II^æ$, q. 6, a. 1. Les références suivantes de la *Somme théologique* seront indiquées simplement entre parenthèses après la citation.

La passion de la vérité

Comment croira-t-on en celui dont on n'a pas entendu parler ? [...] La foi vient de la prédication entendue – Fides ex auditu (Ro 10, 14, 17).

Car les vérités de foi dépassent la raison humaine, explique saint Thomas d'Aquin. *Aussi ne sont-elles pas connues par l'homme si Dieu ne les révèle (II-II, 6, 1).*

Et Notre-Seigneur les transmet par l'Église et ses représentants. C'est le premier élément : pour avoir la foi et pour grandir dans la foi, il importe de recevoir l'enseignement qui a été commis à l'Église, et à elle seule. Non seulement de le recevoir dans son enfance, mais encore de *continuer* à l'étudier, à l'approfondir. N'est-il pas malheureusement fort courant de rencontrer des chrétiens, très cultivés en matière profane, très savants dans l'une ou l'autre des sciences, mais qui en restent à un niveau de connaissance médiocre, élémentaire, en matière de foi. Or, saint Augustin affirme : « La foi est engendrée, nourrie, défendue, et fortifiée en nous *par la science*[14]. »

Saint Dominique, confronté à la contagion de l'hérésie en Languedoc, a perçu très intimement la nécessité vitale de l'évangélisation, de la prédication doctrinale, pour sauver la foi endormie de ceux qui étaient restés catholiques et pour reconquérir les âmes perverties par les Albigeois. Il se consacra tout entier à la prédication itinérante autour de Fanjeaux, Carcassonne, Toulouse, de 1206 à 1214, mendiant son pain, ne ménageant aucune fatigue pour sillonner le pays.

Il poursuivait les hérétiques et les ennemis de l'Église et les convainquait par ses controverses et ses prédications[15].

Il fonda ensuite son Ordre avec la mission spéciale de prêcher et défendre la vérité révélée.

---

[14] Saint AUGUSTIN, *De Trinitate*, XIV, 1, PL 42, 1037.
[15] Déposition de Frère JEAN D'ESPAGNE au procès de canonisation de Bologne, juillet 1233.

La grâce de Dieu

L'autre condition requise pour la foi, avons-nous dit, est l'*assentiment intérieur* de l'homme aux vérités de la foi. Les signes certains cités plus haut, que mentionne le concile Vatican I, c'est-à-dire surtout les miracles et les prophéties, ne suffisent guère ; il faut le secours de la grâce. « Car, parmi ceux qui voient un même miracle et qui entendent la même prédication, les uns croient et les autres ne croient pas » (II-II, 6, 1). Saint Thomas explique :

> *Lorsqu'il adhère aux vérités de foi, l'homme est élevé au-dessus de sa nature ; il faut donc que cela vienne en lui par un principe surnaturel qui le meuve du dedans, et qui est Dieu. C'est pourquoi la foi, quant à l'adhésion qui en est l'acte principal, vient de Dieu qui nous meut intérieurement par sa grâce (II-II, 6, 1).*
>
> *Personne ne vient à moi*, dit Notre-Seigneur, *si mon Père ne l'attire (Jn 6, 44).*

Pour avoir la foi et pour grandir dans la foi, il importe donc de *prier* et de recevoir les *sacrements* afin d'obtenir la grâce surnaturelle. Elle n'est pas due. C'est un pur don. Il ne suffit donc pas d'avoir reçu la foi au baptême : chaque jour, nous avons besoin du secours de la grâce pour croire et grandir dans la foi.

> *La grâce produit la foi chez quelqu'un [...] tout le temps qu'elle dure. [...] Dieu opère à tout moment la justification de l'homme, comme le soleil répand à tout moment sa lumière dans l'air (I-II, 4, 4, ad 3).*

En pleine conscience de la nécessité de la grâce, saint Dominique tenait la prière pour une part fondamentale de son action apostolique en vue de la conversion des hérétiques.

> *Quand il était en prière, il criait si fort qu'on pouvait l'entendre tout autour ; et il disait dans sa clameur : « Seigneur, ayez pitié de ce peuple. Que vont devenir les pauvres pécheurs ? »* Il passait ain-

si en veille des nuits entières, pleurant et gémissant pour les péchés des autres [16].

Il passait ainsi la nuit en prière et le jour en prédication.

Leçons

Ce cri de saint Dominique est extrêmement actuel ! N'est-il pas patent que nous portons le trésor de la foi dans des vases d'argile ? Combien de chrétiens, notamment parmi les jeunes, négligent d'exercer leur foi et la perdent ? L'athéisme militant des autorités civiles et des institutions d'une part, la perversion des mœurs d'autre part, finiront par abattre la foi de quiconque ne s'engage pas *résolument* à vivre en cohérence avec sa foi. Celui qui finit par adopter intérieurement le principe libéral de l'égalité de toutes les opinions, ou de l'athéisme de l'« espace social », ne peut continuer longtemps à croire à Jésus-Christ vrai Dieu et vrai homme. Celui qui ne lutte plus réellement contre le péché risque fort, lui aussi, de perdre la foi. Car l'homme ne peut vivre longtemps dans la contradiction.

Quelles sont donc les résolutions à prendre, à l'occasion de ce carême, pour fortifier notre foi ?

Ascèse et étude

La première consiste à approfondir sa foi par l'étude. Pendant ces quarante jours, je vous invite à entrer dans un certain *recueillement* non seulement spirituel, mais aussi *intellectuel*. Concrètement, en réduisant la consultation des nouvelles, en supprimant les vidéos, en cessant, *notamment*, de consulter vos messages électroniques tout au long du jour sur le smartphone. Cela devient un véritable esclavage, une excitation incessante de la curiosité. Contentez-vous, si c'est vraiment nécessaire, de consulter les informations une fois par semaine – vous verrez que vous apprendrez tout ce qui est utile dans les conversations, ce

---

[16] Déposition du Seigneur Guillaume PÉTRI au procès de canonisation de Bologne, juillet 1233.

qui suffit la plupart du temps. Ensuite, remplacez la détente des vidéos par la lecture de bons romans, j'entends des romans « intelligents », c'est-à-dire de vraie valeur littéraire, ou encore remplacez les vidéos par la pratique de l'art ou de la musique. Enfin, contentez-vous de consulter vos messages une fois par jour : vous verrez que c'est bien suffisant ! Voilà l'aspect « négatif » ou « ascétique » des résolutions à prendre. Cet aspect s'impose. Il vous permettra d'entrer dans cette sorte de « recueillement », propice à la réflexion, propice à la prière, propice à la vie en présence de Dieu.

L'aspect « positif » maintenant consiste à *investir* un temps précis pour étudier votre foi. Mais aussi, étant donné les nombreuses erreurs qui circulent non seulement contre la foi, mais aussi en matière morale ou philosophique, il serait normal que chacun se rende capable d'argumenter, de défendre la saine doctrine, de l'exposer au moins sommairement. Par exemple dans le domaine des manipulations génétiques, de la procréation artificielle, des relations entre l'Église et la société civile, des rapports entre la raison naturelle et la foi, etc. A vous de réfléchir, selon vos possibilités et aptitudes.

Mais voici quelques suggestions :
- Lisez chaque jour, le matin – c'est plus sûr – ou sinon le soir, dans un lieu silencieux autant que possible, et avec attention, trois pages du catéchisme ou du Nouveau Testament, avec un commentaire sûr, ou bien de l'Histoire sainte. Trois pages ! Cela semble négligeable, mais au bout d'un an, c'est beaucoup, et cela fait la différence.
- Chaque fin de semaine, lisez pendant une demi-heure un ouvrage de formation de fond. Vous pouvez demander conseil à un prêtre ou à votre confesseur pour qu'il vous guide dans vos choix.

Faites cela, au moins pendant ce carême – et n'attendez pas la semaine prochaine pour commencer ! – et vous verrez la joie que vous éprouverez, d'abord en reprenant l'habitude de la réflexion, ensuite, en vous sentant nourri, *profondément*, par cette étude, en sentant votre foi s'affermir et rayonner davantage dans votre vie.

Diffuser la vérité

Une deuxième résolution – et je m'arrêterai là : unissez-vous à d'autres fidèles dans cette démarche d'étude. A la maison, échangez vos découvertes, entre époux ou entre frères et sœurs. Rejoignez un cercle d'étude : rien n'est plus stimulant ! Suivez les cours de catéchisme de la paroisse. Rien de tel que le contact direct avec un maître. Vous avez beaucoup de chance ici. Profitez-en !

Mais si vous voulez vraiment enraciner en votre âme la connaissance et l'amour de la vérité, la connaissance et l'amour de Dieu, alors engagez-vous dans la *diffusion* de la vérité, selon vos disponibilités.

Nous sommes les héritiers de deux mille ans de prière, d'étude, de réflexion sur la foi : pratiquement tout le trésor de doctrine de l'Église ainsi que la philosophie chrétienne se trouvent à notre disposition aujourd'hui, avec des moyens inégalés de reproduction, de diffusion... Et nous resterions indifférents, blasés ? Certains cherchent pendant des années avant de trouver la vérité, avant de découvrir l'Église, car ils ne rencontrent personne qui leur transmette l'enseignement... Mais alors, celui qui a le privilège de posséder ce trésor n'est-il pas tenu de le diffuser selon ses moyens ?

Que faire concrètement ? De nouveau, quelques suggestions :

- Vous pouvez distribuer des brochures, des feuillets, aux personnes que vous rencontrez et qui manifestent un certain intérêt pour tel ou tel sujet.
- Vous pouvez aussi, si vous en avez le talent, participer à la rédaction de tels documents, sous le contrôle de prêtres ou de personnes averties.
- Vous pouvez encore participer à des activités missionnaires au sens large organisées, aller au-devant des gens pour leur porter le trésor de la doctrine.

LA VRAIE VIE CHRÉTIENNE, A LA SUITE DE SAINT DOMINIQUE

Si vous faites ces efforts, au moins durant ce carême, pour approfondir le trésor de la foi, vous éprouverez certainement combien votre âme s'en trouve *nourrie, rassasiée* et *fortifiée*. Vous aspirerez, comme saint Dominique, à faire partager autour de vous votre passion de la Vérité.

✲
✲✲

Sans la foi, il est impossible *de plaire à Dieu,* affirme saint Paul *(He 11, 6).*

Quand le Fils de l'homme viendra, trouvera-t-il la foi sur terre ? se demande Notre-Seigneur dans l'Évangile *(Lc 18, 8).*

La foi a presque disparu du monde, aujourd'hui. Rendons grâce à Dieu et à Notre-Dame de l'avoir reçue et cultivons ce trésor avec soin. Soyons-en des témoins enthousiastes. Et rappelons-nous cette exhortation du prêtre juste après notre baptême :

Recevez cette lampe allumée [c'est-à-dire la vie divine] *avec une fidélité inviolable : observez les commandements de Dieu, afin que, lorsque le Seigneur viendra pour les noces éternelles, vous puissiez aller à sa rencontre avec tous ses Saints dans la cour céleste, vous ayez la vie éternelle et vous viviez pendant toute l'éternité.*

2ᵉ conférence
L'ANCRE DE L'ESPÉRANCE

LORSQUE DES MARINS veulent immobiliser un navire dans une rade ou à une certaine distance de la côte, ils mouillent une ancre, et le bateau subit le mouvement des flots sans se déplacer. Pour qu'elle ne cède pas, l'ancre doit être de fer et fixée par un cordage solide. De même, Dieu a voulu équiper l'âme chrétienne d'une ancre, pour qu'elle puisse essuyer les assauts des flots, des vicissitudes, épreuves et tentations de cette terre sans se détacher de lui. Il s'agit de la vertu d'espérance, la deuxième des vertus théologales, le deuxième aspect de notre vie divine en ce monde.

> *Mais il y a cette différence entre l'ancre et l'espérance*, écrit saint Thomas d'Aquin, *que la première est jetée au fond de la mer, tandis que la seconde est en haut, c'est-à-dire* en Dieu. *Dans la vie présente, il n'y a* rien d'assez solide, *pour que l'âme puisse s'y affermir et s'y reposer* [17].

Cette ancre de l'espérance « pénètre jusqu'*au-delà du voile, dans le sanctuaire* où Jésus est entré pour nous comme précurseur, en qualité de grand prêtre », nous assure saint Paul (He 6, 19). Il fait référence au Temple de Jérusalem, dont la partie la plus sainte restait cachée des fidèles par un voile. C'est elle qui abritait l'arche d'alliance et le propitiatoire, siège de la présence de Dieu pour les Hébreux. Le Saint des Saints du Temple n'était que la figure du *ciel* dans lequel Notre-Seigneur est entré, lors de

---
[17] Saint THOMAS D'AQUIN, *Commentaire sur l'épître aux Hébreux*, ch. 6.

son Ascension, en qualité de pontife éternel. Jésus ressuscité est, pour ainsi dire, passé derrière un voile qui le cache à nos yeux, et « il a *fixé* notre espérance [au ciel] [18] », comme dit saint Paul ; il y a mouillé l'ancre qui nous retient, qui nous empêche de partir à la dérive sous l'assaut des flots déchaînés de ce monde !

Après la foi, qui nous révèle le mystère de Dieu, qui nous fait adhérer sans réserve à sa Parole, vient la vertu d'ESPÉRANCE. Elle nous fait *tendre* vers ce Dieu extraordinaire, découvert par la foi, vers notre Père, afin de le *saisir* ! Elle nous fait courir vers lui, avec une certitude *ferme*, celle qui s'appuie sur les promesses mêmes de Notre-Seigneur Jésus-Christ. Saint Paul écrit aux Hébreux :

> *Puisque nous avons un grand prêtre établi sur la maison de Dieu, approchons-nous avec un cœur sincère, dans la plénitude de la foi.* [...] *Restons* inébranlablement attachés *à la profession de notre espérance ; car celui qui a fait la promesse est fidèle (He 19-23).*

L'espérance théologale est le deuxième trait de la vraie vie chrétienne, que nous essayons de présenter pendant ce carême.

⁂

Saint Dominique se présente à nous comme un éminent modèle de cette vertu. Au cours de sa prédication laborieuse en Languedoc, durant près de dix ans, parmi les populations hostiles infectées par l'hérésie albigeoise, comme plus tard durant les années difficiles de la fondation de son Ordre, rien ne put ébranler sa confiance en Dieu et son élan missionnaire. Nous en verrons maints exemples.

Nature de l'espérance

Qu'est-ce que l'espérance ? En quoi avons-nous besoin de cette vertu ?

---

[18] Saint THOMAS D'AQUIN, *Commentaire sur l'épître aux Hébreux*, ch. 6.

Le terme « espérance » est de la famille du mot « espoir ». L'espoir est une passion de l'âme, qui suit l'appréhension d'un bien futur difficile, mais qu'il est possible d'atteindre. Par exemple, un étudiant espère obtenir telle situation professionnelle en passant un concours ; il va travailler d'arrache-pied, stimulé par l'*espoir* de réussir. Cet espoir le « motive », comme on dit, lui fait renoncer à de légitimes distractions et satisfactions sensibles ; c'est la source de son travail attentif et persévérant.

Une vertu théologale

De même, analogiquement, la foi nous fait connaître Dieu, notre charité nous porte à l'aimer, à nous donner à lui et à vouloir le posséder. Seulement, il est évident qu'il reste impossible de l'atteindre parfaitement tant que nous sommes sur la terre. Alors, l'espérance entre en action pour nous faire *aspirer* et *tendre* à la possession parfaite de Dieu dans l'autre vie. Les promesses de Dieu nous *assurent* de posséder un jour la vie bienheureuse, *dans la mesure* où nous sommes fidèles. L'espérance est bien cette ancre *fixée* au ciel : par elle, nous abordons déjà au port, nous touchons déjà Dieu, pour ainsi dire. En effet, d'une part, nous sommes assurés de le posséder un jour, d'autre part, nous nous appuyons avec sécurité sur son secours, connu par la foi. En somme, nous nous appuyons sur Dieu pour aboutir à Dieu. Par suite, nous sommes *déjà bienheureux* en espérance, et ce bonheur n'est pas vain parce qu'il s'appuie sur la toute-puissance de Dieu. Bienheureux, nous le serons vraiment au ciel, mais nous possédons Dieu déjà ici-bas par l'espérance.

Sa certitude

Vous objecterez peut-être : « Mais nous pouvons encore pécher et perdre la grâce, puis perdre le ciel, si nous mourons dans cet état. » Il est vrai que cette crainte est légitime, car l'homme est inconstant et peut faillir. Cependant, si nous n'avons guère la certitude *absolue* d'atteindre le ciel, la foi nous assure que nous sommes sur le chemin, que « Dieu ne commande pas l'impossible, mais nous ordonne de faire ce que nous pouvons et de demander ce que nous ne pouvons pas » (Concile de Trente). Notre ancre est fixée au ciel ; tant que nous ne rompons pas l'amarre qui nous y relie, nous sommes certains d'obtenir la béatitude.

Quand vous prenez le métro, ici à côté, en direction de « La Motte-Picquet » par exemple, vous ne doutez pas d'atteindre cette station. Un enfant conduit par sa mère à l'école par la main y marche en pleine sécurité et certitude. Le motif de l'espérance se prend *du côté de Dieu* et non du côté de notre faiblesse. Sa certitude est sans doute relative, mais bonne et légitime. Elle nous permet de pratiquer la vie chrétienne, de nous orienter vers Dieu en sécurité, abstraction faite des déficiences accidentelles toujours possibles. L'inquiétude, la crainte qui peuvent demeurer, sont apaisées par l'appel à la toute-puissance miséricordieuse de Dieu. Sainte Thérèse de l'Enfant-Jésus expliquait en ce sens :

> On n'a jamais trop de confiance dans le Bon Dieu, si puissant et si miséricordieux. On obtient de lui autant qu'on espère [19].

Puissance de l'espérance

Vous comprenez dès lors la *puissance* de l'espérance, l'*élan* qu'elle imprime à notre vie : RIEN n'est impossible à celui qui s'appuie sur Dieu. Archimède s'écriait : « Donnez-moi un levier et je soulèverai le monde. » Le levier de l'espérance réalise cela !

Les martyrs des premiers siècles, lorsqu'ils choisissaient Jésus-Christ par le saint baptême, savaient qu'ils s'exposaient à une mort plus ou moins prochaine, selon l'intensité de la persécution. Et cela, pendant près de trois siècles... Cela ne les arrêtait pas ! S'ils avaient le courage de se détacher de la terre, de leurs biens, de leurs enfants, c'est parce que la vertu d'espérance *fixait* leurs yeux sur la béatitude du ciel, parce que, pour ainsi dire, ils y vivaient déjà !

---

[19] Sainte THÉRÈSE DE L'ENFANT-JÉSUS DE LA SAINTE-FACE, *Histoire d'une âme*, ch. XII.

De même, saint Dominique prêcha près de dix ans, presque seul, mendiant son pain, installé au cœur du pays cathare, souvent outragé, voire menacé de mort.

Ils crachaient sur lui et lui jetaient de la boue ou des ordures du même genre [20].

Il parcourait le pays sans se décourager, malgré des résultats apostoliques assez minces. Il semait et laissait à d'autres le soin de moissonner, plus tard. Il vivait de l'espérance de la conversion, du salut du peuple qu'il évangélisait.

Très confiant en Dieu, dit aussi un témoin, il envoyait prêcher même les [frères] moins doués, en leur disant : « Allez avec assurance, parce que le Seigneur vous donnera le don de la parole divine ; il sera avec vous et rien ne vous manquera ». Ils s'en allaient, et il leur arrivait comme il leur avait dit [21].

Les obstacles et les appuis de l'espérance

Mais comment pouvons-nous grandir en espérance ? Comme nous l'avons vu au sujet de la foi, cette vertu infuse marche au pas de la vie divine. Elle s'épanouit chaque fois que la grâce augmente en nous. Et cela dépend principalement, directement, de la prière et des sacrements. Cependant, nos dispositions peuvent favoriser ou mettre obstacle à ce développement de la grâce, comme vous le savez.

Les obstacles

Quels sont donc ces obstacles ?

---

[20] Pierre FERRAND, *Legenda S. Dominici*, Rome, Institutum historicum praedicatorum, MOPH XVI, éd. LAURENT, n° 20.
[21] Déposition de Frère JEAN D'ESPAGNE au procès de canonisation de Bologne, juillet 1233.

La présomption

L'obstacle majeur à l'espérance est *l'orgueil*. Regardez, chers amis, les nantis de la terre, qu'il s'agisse des riches ou des puissants – ce qui va souvent ensemble. Ils sont habituellement si pleins d'eux-mêmes qu'ils sont convaincus de pouvoir se passer de Dieu ! La question de l'existence de Dieu n'a aucune importance, aucun intérêt pour eux. Ils n'ont pas même l'idée de prier Dieu, ou bien, s'ils le prient, c'est comme le pharisien de la parabole :

> *O Dieu, je vous rends grâces de ce que je ne suis pas comme le reste des hommes, qui sont voleurs, injustes et adultères, ni encore comme ce publicain. Je jeûne deux fois la semaine ; je paie la dîme de tous mes revenus (Lc 18, 11-12)...*

Remarquez que ce pharisien ne demande *rien* dans sa prière ; il n'espère *rien* de Dieu. Il pense avoir atteint la justice, la sainteté, par lui-même, par ses œuvres. Cette confiance excessive en soi porte un nom : la *présomption*.

Mais ne condamnons pas trop vite ce pharisien ! Combien de fidèles lui ressemblent ! Peut-être pas au même degré... Mais il serait bon, pendant ce carême, que chacun *examine* sa façon de prier, *examine* s'il éprouve sincèrement une vraie *dépendance* du secours de Dieu, s'il *espère* vraiment en Dieu, ou bien si sa prière n'est pas bien trop formelle, routinière, peu sincère...

> *Le pécheur [présomptueux],* écrit saint Thomas d'Aquin, *espère obtenir son pardon sans pénitence, ou la gloire sans mérites »* (II-II, 21, 1).

C'est le péché de ceux qui ne se soucient pas trop des fautes commises, qui ne font guère d'efforts pour se corriger, pour éviter les occasions de chute, pour faire pénitence, qui se contentent de confessions routinières, qui comptent sur une dernière confession à l'article de la mort pour éviter de tomber en enfer. Saint Thomas d'Aquin met en garde :

> *Cette présomption est à proprement parler une espèce du péché contre le Saint-Esprit, car elle fait qu'on rejette ou qu'on méprise*

l'aide du Saint-Esprit, aide par laquelle l'homme est retiré du péché (II-II, 21, 1).

Le désespoir

Mais l'orgueil de l'homme le conduit fréquemment à un autre péché, opposé, contre l'espérance : le DÉSESPOIR. Dépité de ses échecs ou de ses chutes, de son impuissance à sortir du vice, le pécheur estime ne pouvoir obtenir de Dieu ni pardon ni secours pour être sauvé. En fait, à cause de son orgueil, ce pécheur veut s'appuyer sur *ses* mérites pour obtenir le pardon, pour obtenir le salut, plutôt que de recourir à la miséricorde de Dieu. Vous voyez l'orgueil qui l'anime. Ce péché de désespoir peut être *grave* s'il est pleinement consenti, car nier la miséricorde de Dieu est souverainement *injurieux*. Le Verbe éternel s'est incarné, a souffert la Passion, a versé tout son sang pour sauver tous les hommes ! Nier la valeur de ce sang, refuser d'y recourir, c'est odieux ! C'est une offense grave à Dieu !

Le matérialisme

D'une façon plus générale, l'espérance théologale se trouve également neutralisée par le MATÉRIALISME. De même que la plupart de nos contemporains pèchent contre la foi, en considérant l'existence de Dieu et la connaissance de la Révélation comme une affaire sans importance, de même, ils pèchent contre l'espérance en ce qu'ils n'éprouvent aucun goût pour les réalités spirituelles. Saint Thomas d'Aquin écrit :

> *Que nous ne goûtions pas les réalités spirituelles comme des biens, ou qu'elles ne nous paraissent pas de grands biens, cela vient surtout de ce que notre affectivité est* infectée *par l'amour des plaisirs corporels et* surtout *des plaisirs vénériens ; car l'amour de ces plaisirs fait que l'homme prend en* dégoût *les biens spirituels (II-II, 20, 4).*

Y a-t-il une plus grande misère que des âmes spirituelles, créées pour Dieu, pour des biens infinis, qui passent toute leur vie sans le connaître, sans rechercher ni atteindre les seules réalités qui pourraient pleinement les rassasier ? Toute une vie à côté de l'essentiel ! Faut-il s'étonner, après cela, que le nombre de suicides augmente sans cesse en Occident ? Le matérialisme, parce qu'il englue, pour ainsi dire, les cœurs dans l'attrait des biens sensibles, *tue les âmes*. Vous remarquerez que la liturgie catholique nous fait très souvent demander à Dieu la grâce de « mépriser les biens de la terre et d'aimer ceux du ciel – *terrena despicere et amare cœlestia* [22] ». L'Église veut nous protéger du matérialisme.

Les appuis de l'espérance

Quelles sont maintenant, au contraire, les dispositions *favorables* au développement de l'espérance ? Ce sont la pauvreté d'esprit, la crainte filiale, mais aussi les efforts vigoureux.

Pauvreté

Tout d'abord, la pauvreté.

Heureux les pauvres en esprit, *car le royaume des cieux est à eux !* (Mt 5, 3)

Voyez comment les jeunes enfants, qui ne possèdent rien et ne savent pas encore faire grand-chose, attendent tout de leurs parents. Ils ne doutent guère de recevoir d'eux la nourriture, les soins. De même, le pauvre en esprit – ce qui ne correspond pas toujours à la pauvreté effective – se tourne spontanément vers Dieu pour lui demander tout ce dont il a besoin. Au contraire, celui qui dispose d'une suffisance de biens matériels assurant sa subsistance – et il faut reconnaître que c'est le cas aujourd'hui de presque tout le monde en Occident – ou celui qui possède des talents humains éminents ou encore qui gère habilement ses affaires, celui-là risque fort d'oublier, de ne plus éprouver intensément combien il dépend étroitement du secours de Dieu pour sa vie spirituelle, pour son salut, pour recevoir même les biens tem-

---

[22] Postcommunion de la messe du deuxième dimanche de l'Avent.

porels nécessaires. Il aura du mal à vivre authentiquement d'espérance. Saint Jean de la Croix l'affirme énergiquement :

> On n'espère que ce dont on n'a pas encore la possession. Mais moins l'âme possède les autres biens, plus elle a de capacité et d'aptitude pour espérer ce qu'elle désire, et par conséquent, plus elle a d'espérance. Au contraire, plus on possède de choses et moins on a d'aptitude et de capacité pour espérer, par conséquent, moins on a d'espérance [23].

C'est en ce sens que Notre-Seigneur dit dans l'Évangile :

> Qu'il est difficile à ceux qui se confient dans les richesses d'entrer dans le royaume de Dieu ! Il est plus aisé à un chameau de passer par le trou d'une aiguille qu'à un riche d'entrer dans le royaume de Dieu. (Mc 10, 24)

Cela vaut pour toutes les sortes de richesses, qu'elles soient matérielles ou spirituelles. Il n'est pas demandé de ne rien posséder, mais il est requis de ne pas se confier dans les richesses, ce qui s'avère plus difficile lorsqu'on est riche. Prenons l'exemple de notre nourriture. Dans les temps anciens, les rendements agricoles étaient bien moindres que ceux d'aujourd'hui ; personne n'était à l'abri d'une disette ou d'une famine, à la suite d'une calamité, d'une guerre, d'une mauvaise récolte... Les paysans et tout le peuple ne manquaient pas de participer aux processions des Rogations. Lorsqu'on priait, dans le *Notre Père*, « Donnez-nous aujourd'hui notre pain quotidien », on priait *vraiment* ! Aujourd'hui, qui d'entre nous, en prononçant ces paroles, craint encore de manquer demain peut-être de nourriture ? L'abondance d'aliments faciles à se procurer nous aveugle. Nous comprenons mal qu'aujourd'hui comme hier, nous n'aurions pas de pain sans la bonté de Dieu. Notre espérance, dans ce domaine, est devenue bien mince parce que nous sommes riches...

---

[23] Saint JEAN de la CROIX, *Montée du Carmel*, Liv. III, chapitre XIV.

Pendant leur prédication en Languedoc, saint Dominique et son évêque Diego avaient inauguré la mendicité et entraîné les prélats cisterciens, mandatés par le pape, à faire de même :

> On partit à pied, pieds nus même. [...] Point de frais, ni de dépenses ; on n'avait pas gardé d'argent sur soi. Aussi ces légats redoutables, cet évêque, ce sous-prieur [24], et sans doute encore quelques moines ou clercs, mendiaient-ils leur pain de porte en porte. Nous serions surpris de la scène aujourd'hui. On l'était encore plus en ce temps, dans ce pays. C'était bien la pauvreté volontaire, l'humilité de la prédication évangélique ! [25]

Plus tard, saint Dominique, comme saint François, a voulu instituer la stricte pauvreté dans les Constitutions de son Ordre, notamment pour affirmer parmi les frères la vertu d'espérance, l'esprit filial de dépendance de Dieu. Non seulement ceux-ci ne peuvent rien posséder en propre – en vertu du vœu de pauvreté que prononcent les religieux de tous les Ordres –, mais encore notre saint renonça à assurer des revenus fixes aux couvents eux-mêmes. Les frères ne devaient vivre que de mendicité, sans même faire de provisions. C'était une nouveauté dans l'économie des Ordres religieux. Saint Dominique montrait lui-même l'exemple de la pauvreté effective :

> Il portait la même tunique – une tunique grossière et rapiécée [26] –, en été comme en hiver. [...] Il voulait que les maisons des frères fussent pauvres, et pauvres aussi leurs tables de travail, et qu'en toutes choses ils prétendissent à l'abjection et au dénuement [27].

> Il faisait ses délices de la pratique de la pauvreté pour lui et pour son Ordre, et il en faisait l'objet de ses exhortations aux frères.

> J'ai vu quelquefois frère Dominique aller de porte en porte demander l'aumône et recevoir son pain comme un pauvre mendiant.

---

[24] Il s'agit de Dominique, sous-prieur du chapitre canonial d'Osma.
[25] Marie-Humbert VICAIRE O.P., *Histoire de saint Dominique*, Paris Cerf, 1957, t. 1, p. 193.
[26] Déposition au procès de canonisation de Toulouse, éd. A. Walz, MOPH XVI, Rome, 1935, n° 18.
[27] Déposition de Frère FRUGER de PENNA au procès de canonisation de Bologne, juillet 1233.

LA VRAIE VIE CHRÉTIENNE, A LA SUITE DE SAINT DOMINIQUE

Un jour, [...] un homme lui donna un pain entier. Le bienheureux père le reçut à genoux avec beaucoup d'humilité et de dévotion [28].

Renonçant aux possessions, aux moyens humains, en esprit de pénitence et de confiance, il était assuré en espérance de recevoir de Dieu lui-même ce dont lui et ses frères avaient besoin. Frère Rodolphe raconte :

> Lorsque le pain, quelque autre aliment ou le vin manquaient au couvent, j'allais trouver frère Dominique et je lui disais : « Nous n'avons pas assez de pain » ou « Nous n'avons pas de vin. » Il me répondait : « Allez prier et le Seigneur y pourvoira. » J'allais prier à l'église, souvent suivi par frère Dominique. Et Dieu nous exauçait, donnant **toujours** la nourriture nécessaire. Quelquefois, sur l'ordre du bienheureux, je mettais sur la table le peu de pain que nous avions, et le Seigneur suppléait à ce qui nous manquait [29].

Il arriva même que saint Dominique multiplia miraculeusement le pain :

> Un certain jour de jeûne, le pain vint à manquer. Frère Dominique fit signe d'en mettre devant les frères. Le frère lui dit qu'il n'en avait pas. Alors, le visage rayonnant, le maître leva les mains, loua le Seigneur et rendit grâces. Au même instant, entrèrent deux hommes, portant deux corbeilles, l'une pleine de pain, l'autre de figues sèches, en sorte que les frères eurent à manger abondamment [30].

La crainte filiale

Un autre soutien de la vertu d'espérance, c'est la *crainte filiale*. Il s'agit de cette noble crainte, crainte aimante, d'être infidèle à notre Père, à Dieu, crainte de ne pas correspondre à sa bonté. Saint Paul recommande cette crainte aux Corinthiens :

> Que celui qui croit être debout prenne garde de tomber *(1 Co 10, 12).*

---

[28] Déposition de Frère PAUL de VENISE au procès de canonisation de Bologne, juillet 1233.
[29] Déposition de Frère RODOLPHE de FAENZA au procès de canonisation de Bologne, juillet 1233.
[30] Déposition de Frère BUONVISO au procès de canonisation de Bologne, juillet 1233.

Lorsque l'âme est pénétrée de la grandeur de Dieu et de la béatitude qui l'attend, elle mesure sa petitesse, son inconstance. Elle ne peut alors que se jeter dans la toute-puissance miséricordieuse de Dieu, et espérer de lui seul le salut. La crainte filiale, et plus nettement le don de crainte, le premier des sept dons du Saint-Esprit, pousse à son sommet le mouvement de l'espérance en Dieu.

※

Cette noble crainte filiale animait le cœur humble de saint Dominique et soulevait son espérance. Il ne s'appuyait guère sur lui-même, mais sur Dieu seul, au point même de penser parfois qu'il mettait obstacle à l'œuvre de Dieu. Ainsi, lors du premier chapitre général de l'Ordre à Bologne, il dit à ses frères :

« *Je mérite d'être déposé, car je suis inutile et relâché.* » *Et il s'humilia profondément de toutes manières* [31].

L'effort

Loin de favoriser l'inaction, l'authentique crainte est *laborieuse* ; elle se nourrit d'efforts vigoureux. Il ne s'agit pas de se croiser les bras ou de joindre les mains et de tout attendre de Dieu. « Aide-toi, le ciel t'aidera ! » Le ciel qu'il nous faut rejoindre se gagne de haute lutte. L'espérance est toute *tendue* vers l'objet qu'elle connaît par la foi et qu'elle ne possède pas encore dans toute la mesure du *désir* de la charité. L'effort est la marche en avant de l'amour.

Le royaume des cieux est emporté de force, et les violents s'en emparent, dit Notre-Seigneur *(Mt 11, 12).*

Ce qui signifie qu'il se conquiert par la force de l'âme, avec le secours de la grâce divine. Chaque fois que Notre-Seigneur nous demande un effort, il nous donne la grâce pour le réaliser.

Saint Paul nous a rappelé le dimanche de la Septuagésime :

---

[31] Déposition de Frère RODOLPHE de FAENZA au procès de canonisation de Bologne, juillet 1233.

Ne le savez-vous pas ? Dans les courses du stade, tous courent, mais un seul emporte le prix. Courez de même, afin de le remporter. [...] Pour moi, je cours de même, non comme à l'aventure ; je frappe, non pas comme battant l'air. Mais je traite durement mon corps et je le tiens en servitude, de peur qu'après avoir prêché aux autres, je ne sois moi-même réprouvé (1 Co 24-27).

La consommation de l'espérance

Pauvreté d'esprit, crainte filiale, effort vigoureux doivent peu à peu conduire l'espérance à sa perfection, c'est-à-dire à la confiance et à l'abandon.

Confiance et abandon

L'espérance, de même que la foi, ne saurait devenir parfaite sans être unie à la charité, sans être *imprégnée d'amour filial*. Saint Thomas d'Aquin explique le soutien mutuel que se portent les vertus d'espérance et de charité. D'une part, dit-il, « c'est dans nos amis que nous mettons le plus d'espoir ». Or, la charité – nous le verrons – est une véritable *amitié* qui unit l'âme à Dieu. Elle nous porte donc à espérer en lui. D'autre part, « l'espoir d'être récompensé par Dieu excite l'homme à l'aimer et à garder ses commandements » (II-II, 17, 8). Et ainsi, l'espérance conduit à la charité. Les deux vertus s'appuient mutuellement.

Lorsque l'espérance atteint donc cette perfection et en vient à régler tous les mouvements de l'âme, on l'appelle la *confiance en Dieu*. Et lorsque cette confiance est devenue une *attitude* habituelle, l'âme atteint ce qu'on nomme l'*abandon*. C'est une remise totale de l'enfant de Dieu à la conduite providentielle de son Père céleste. L'abandon nous fait traverser la nuit des épreuves, physiques ou morales, dans la paix, même si à la surface, la sensibilité s'agite. L'enfant de Dieu vraiment abandonné ne perd pas son temps à envisager des hypothèses, à essayer de s'expliquer ce qui lui arrive. Il se repose dans la réalité indubitable : « Dieu est bon, il est amour, il est mon Père, il ne veut que mon bien. Je m'en remets à lui de me le procurer. » Il ne s'agit nullement de fatalisme, ni d'indifférence inerte, mais de cette confiance assurée, paisible, qui est une forme du désir.

Sainte Thérèse de l'Enfant-Jésus, aux prises avec la maladie qui devait l'emporter, pouvait dire :

> Je n'ai nullement peur des derniers combats, ni des souffrances, si grandes soient-elles, de la maladie. Le bon Dieu m'a aidée et conduite par la main dès ma plus tendre enfance, je compte sur lui. Je suis assurée qu'il me continuera son secours jusqu'à la fin. Je pourrai bien souffrir extrêmement, mais je n'en aurai jamais trop, j'en suis sûre [32].

Le rôle des épreuves

L'abandon est presque toujours le fruit des épreuves. Dieu les permet pour nous délivrer de nos illusions ou de nos aspirations à l'autonomie, et nous persuader par expérience que, sans lui, nous ne pouvons rien faire. Le présomptueux qui gravirait le Mont-Blanc sans guide, pour marcher « librement », et manquerait tomber dans une crevasse, apprendrait rapidement la sagesse : la fois suivante, il ne manquerait pas de se faire conduire par un montagnard chevronné. Ainsi les épreuves, l'échec de nos projets, les maladies graves, voire les injustices subies, sont-elles, pour la plupart des hommes, nécessaires, comme un choc qui dessille les yeux et rappelle au réel.

Dans son apostolat, saint Dominique assumait les épreuves et les croix, souffrant sans doute, mais avec *abandon*, sans en être ébranlé, sans perdre la paix ni même la joie. Il vivait de foi, voyant la main de Dieu en tout ; il vivait d'espérance pure, travaillant de toutes ses forces au salut des âmes, mais n'attendant le succès que de Dieu. Des témoins racontent :

> Dans un de mes voyages avec le bienheureux Dominique, un tel déluge d'eau s'abattit sur nous que ruisseaux et rivières subirent une forte crue. Lui, toujours joyeux dans les tribulations, louait et

---

[32] Cité par Mère AGNÈS DE JÉSUS, *Procès apostolique inchoatif*, réponse à la 29ᵉ demande.

bénissait le Seigneur en chantant à haute voix l'Ave maris Stella ; cette hymne finie, il commença le Veni Creator et le poursuivit jusqu'à la fin, chantant toujours à haute voix.

Lorsque nous devions recevoir l'hospitalité, [...] s'il était mal servi, il donnait plus de signes de joie que s'il l'avait été à souhait [33].

En voyage, s'il venait à se blesser les pieds contre une pierre, il le supportait d'un visage joyeux, sans se troubler, et disait : « C'est une pénitence ! », tel un homme toujours joyeux dans les tribulations [34].

Leçons

Chers amis, les difficultés et les menaces croissantes auxquelles chacun est actuellement confronté dans sa vie personnelle, familiale et sociale offrent l'occasion de réfléchir, de rentrer en soi-même. N'est-il pas de plus en plus clair que cette espèce de religion laïque, imposée aujourd'hui à l'Occident, hostile à Dieu et à tout l'ordre naturel créé par lui, que l'économie libérale sauvage, conduisent le monde au chaos matériel, moral et spirituel ? Cependant, les chrétiens doivent s'examiner eux-mêmes. Se sont-ils sincèrement appuyés *sur Dieu* pour rester justes, pour remplir leurs devoirs ? Ont-ils vécu de l'espérance, non humaine, mais théologale ? N'ont-ils pas été d'une façon ou d'une autre complices du matérialisme athée, qui prétend offrir à l'homme le bonheur parfait sur terre ? N'ont-ils pas trop souvent coupé leur vie en deux : une petite part de prière d'un côté, une activité presque complètement naturelle dans le domaine professionnel, dans leurs loisirs, dans leurs mœurs ? Chers Frères, le regard de votre esprit, de votre cœur, est-il habituellement tourné, tendu vers le but et le terme de notre existence : Dieu connu immédiatement et pour toujours dans la vie éternelle ?

Il faut saisir l'occasion de la crise profonde où s'enfoncent notre pays et l'Église elle-même pour apprendre à *espérer* en

---
[33] Déposition de Frère BONVISI au procès de canonisation de Bologne, juillet 1233.
[34] Déposition de Frère JEAN D'ESPAGNE au procès de canonisation de Bologne, juillet 1233.

Dieu – au sens fort du terme –, qu'il s'agisse du salut éternel ou de la restauration de l'ordre temporel. Voici quelques axes :

Vie sobre

Premièrement, rompons avec le matérialisme, la recherche excessive du confort et de la jouissance. C'est, après le péché mortel, l'obstacle le plus grand à l'espérance. L'abondance ou le luxe conduisent à l'illusion de l'autosuffisance. Ils assèchent l'âme, fomentent l'égoïsme, ferment le cœur à Dieu et au prochain. Saint Thomas d'Aquin remarque :

> Du fait qu'on possède *des biens terrestres, le cœur est attiré à les aimer.* [...] Saint Jean Chrysostome écrit aussi : « *L'afflux des richesses active la flamme, et la convoitise en devient plus vive* » (II-II, 186, 3).

M. F., il convient de réapprendre à vivre sobrement, et c'est un combat aujourd'hui ! Car le monde ne cesse de stimuler la concupiscence. Concrètement :

1) Réfléchissez à deux fois avant de faire des achats ou même avant d'accepter des gadgets gratuits. Ne vous laissez pas séduire ! Posez-vous la question : « En ai-je *vraiment* besoin ? » Si le besoin est réel, demandez-vous s'il est pressant. Ne vaut-il pas mieux se passer de cet objet pour garder l'esprit de pauvreté ? Évaluez si le détriment spirituel ne l'emporte pas sur l'avantage temporel de posséder cet objet.

2) Ensuite, choisissez ce qui est simple et modeste, mais beau ou sain, plutôt que ce qui est superficiel, sophistiqué et « m'as-tu-vu », dans le domaine des vêtements, de la technique, de l'ameublement, de l'alimentation, etc.

3) Troisièmement, évitez autant que possible l'usage des machines, spécialement des appareils électroniques. Leur pouvoir de fascination coupe l'homme du réel, du prochain, le détourne de ses devoirs, et surtout le *matérialise*. Vous en avez certainement fait l'expérience. En particulier – je le répète –, évitez de posséder un « smartphone », source de distractions pratiquement incessantes – il suffit de regarder les gens dans la rue – et,

vous le savez bien, occasion permanente de tentations. Soyez réalistes ! Qui peut prétendre échapper *longtemps* à la séduction de cet engin, même avec une bonne dose de détermination ? Enfin, les multiples « applications » disponibles pour faire tout ou presque tout, inspirent l'orgueil, l'indépendance, l'individualisme... Dans la plupart des cas, un simple téléphone portable sans autre fonction peut suffire. C'est déjà beaucoup. Il n'est certainement pas nécessaire d'être « connecté » en permanence, sauf éventuellement pour raisons professionnelles.

4) Apprenez, au contraire, à vous détendre sans médias, mais par de saines lectures, par des jeux de société, par la pratique de la musique, des arts graphiques, voire de l'artisanat. Ou encore par le contact avec la nature, reflet de Dieu ; elle nous repose de l'artificiel.

5) Enfin, apprenez à accepter de bon cœur de *manquer* du nécessaire, de ne pas posséder, de ne pas recevoir ce que vous souhaiteriez. Laissez Dieu vous fournir, s'il le veut, ce qui dépasse le nécessaire, un surcroît, selon la sagesse de sa Providence.

Cherchez premièrement le royaume de Dieu et sa justice, et tout cela vous sera donné par surcroît (Mt 6, 33).

Spiritualité du ciel

Deuxième leçon : la crise actuelle nous invite à penser plus souvent à l'éternité. J'ai évoqué la spiritualité des premiers chrétiens qui vivaient au milieu d'un monde païen fort corrompu et hostile. Leur espérance de vie pouvait être fort courte... Ils ne s'attachaient donc qu'à l'essentiel. Simples voyageurs sur la terre, ils aspiraient avant tout à la vie éternelle. Ils étaient bien conscients que *Dieu seul* pouvait les garder fidèles jusqu'à la mort. Ils vivaient d'espérance !

Il est probable que la vie chrétienne deviendra encore plus difficile dans les années qui viennent. Vivons, nous aussi, attachés à l'essentiel : la fidélité à Dieu et le salut de nos âmes. Fixons solidement l'ancre de notre âme au ciel par la vertu d'espérance. La plus grande victoire du démon, des forces du mal, serait de

L'ANCRE DE L'ESPÉRANCE

nous faire tomber dans le *découragement* ou le *désespoir*. Quoi qu'il puisse arriver, Dieu reste Dieu, maître du monde. Rien n'échappe au jeu de sa Providence toute-puissante ! « *Dios no muere* – Dieu ne meurt pas ! » s'écriait en mourant Garcia Moreno, le président de l'Équateur, assassiné par des franc-maçons le 6 août 1875.

Espérons « contre toute espérance » (Ro 4, 18), à la suite d'Abraham tout abandonné à la volonté de Dieu, offrant en sacrifice son fils unique, le fils de la promesse. La victoire que Dieu nous promet, celle que Notre-Seigneur a déjà remportée par sa croix, ne sera pas nécessairement un retour à l'ordre chrétien sur cette terre, bien que nous ayons le devoir d'y travailler de tout notre pouvoir. Non, la victoire certaine que nous assure notre espérance, c'est la vie éternelle bienheureuse !

Saint Paul le proclame :

> *J'ai l'assurance que ni la mort, ni la vie, ni les anges, ni les principautés, ni les choses présentes, ni les choses à venir, ni les puissances, [...] ni aucune autre créature ne pourra nous séparer de l'amour de Dieu dans le Christ Jésus Notre-Seigneur (Ro 8, 38-39).*

Remarquons d'ailleurs que Notre-Dame, par son apparition de Pontmain il y a cent cinquante ans, a certes *arrêté* l'invasion étrangère, mais elle n'a pas donné à la France la *victoire* sur ses ennemis. A Fatima, elle a promis à Sœur Lucie – et cela vaut aussi pour nous :

> *Tu souffres beaucoup ? Ne te décourage pas, je ne t'abandonnerai jamais ! Mon Cœur Immaculé sera ton refuge et le chemin qui te conduira jusqu'à Dieu* [35].

Il n'est ici question que du ciel. A Lourdes, elle a dit à Bernadette :

> *Je ne vous promets pas de vous rendre heureuse en ce monde, mais dans l'autre* [36].

---

[35] Apparition du 13 juin 1917.
[36] Apparition du 18 février 1858.

La cité catholique, pour laquelle nous devons combattre, est tout ordonnée au salut des âmes, à la vie éternelle. Ne nous méprenons pas !

> *La nuit est avancée, et le jour approche. Dépouillons-nous donc des œuvres des ténèbres et revêtons les armes de la lumière (Ro 13, 12).*

Notre pèlerinage ici-bas est bref et très bientôt nous entrerons dans l'éternité. Que Jésus et Marie fassent grandir notre espérance et notre désir du ciel !

3ᵉ conférence
LE FEU DE LA CHARITÉ

*T*OUJOURS *[saint Dominique] parlait de Dieu ou avec Dieu, et c'est de Dieu encore qu'il entretenait les gens qui se joignaient à lui sur la route* [37].

La nuit, nul n'était plus ardent à veiller, à prier et à supplier de toutes les manières. Il partageait le jour au prochain, la nuit à Dieu. Il pleurait avec beaucoup d'abondance et très souvent, le jour, surtout quand il célébrait les solennités de la messe, ce qu'il faisait très souvent ou même chaque jour ; la nuit, dans ses veilles infatigables.

Une de ses demandes fréquentes et singulières à Dieu était qu'il lui donnât une charité véritable et efficace pour cultiver et procurer le salut des hommes [38].

Ainsi, le trait le plus marquant de la personnalité de saint Dominique, celui qui a, semble-t-il, le plus touché ses contemporains, était sa *charité*. Son âme était toute pénétrée et animée par l'amour de Dieu. Cette charité rejaillissait en une énergie extraordinaire pour procurer le salut du prochain. A quelqu'un qui lui demandait où il avait puisé sa merveilleuse éloquence, il répondit :

---
[37] Déposition de Frère FROGIER de PENNA au procès de canonisation de Bologne, juillet 1233.
[38] Bienheureux JOURDAIN de SAXE, *Libellus de initiis Ordinis Fratrum Prædicatorum*, n° 13.

Le feu de la charité

J'ai étudié dans le livre de la charité plus que dans aucun autre : l'amour enseigne tout [39].

*
* *

Pendant ce carême, nous nous efforçons de dégager l'exacte physionomie de la vraie vie chrétienne. Nous avons déjà expliqué qu'elle consistait *essentiellement* en la connaissance surnaturelle de Dieu, connaissance mêlée de désir et d'amour. Après avoir évoqué les vertus théologales de foi et d'espérance, venons-en à la charité. Le grand saint Paul nous affirme que l'exercice de la charité couronne l'activité des vertus théologales :

> *La plus grande des trois,* écrit-il aux Corinthiens, *c'est la charité (1 Co 13, 13).*

Nous sommes probablement trop accoutumés à l'entendre ; nous ne mesurons plus l'importance de ces paroles.

Quel était l'idéal de l'Antiquité ? La plupart des civilisations estimaient par-dessus tout la force : la force brutale pour les Barbares, la *virtus*, plus noble, chez les Romains ; celle-ci englobait vaillance, virilité, excellence, courage et caractère. Les Grecs s'élevaient plus haut avec leur idéal de l'homme beau et bon, le « kalos kagathos », où qualités physiques et morales s'allient. Les meilleurs d'entre eux, ceux qui, les premiers, se nommèrent « philosophes », plaçaient la perfection dans la possession de la sagesse, connaissance de soi et des principes du monde, qui permet de garder la mesure en toutes choses. L'homme contemporain, lui, réduit l'idéal de la vie humaine à ce qu'il appelle la « liberté », et qui consiste à pouvoir jouir sans contrainte extérieure de ce que l'on veut, et principalement des biens matériels et corporels : c'est-à-dire en fait la licence. Seul Dieu, seule l'Église, nous ont révélé que la perfection résidait dans la *charité*, dans le don de soi à Dieu et au prochain.

Notre civilisation occidentale a reçu profondément cette empreinte évangélique qui couronne la charité comme reine des

---

[39] Gérard de FRACHET O. P., *Vie des Frères de l'Ordre des Prêcheurs*, Paris, Lethielleux, 1912, 2e partie, ch. 26, p. 112.

vertus. C'est elle qui a fait germer dans nos mœurs l'esprit chevaleresque, le soin miséricordieux des malades, des vieillards et des orphelins, le respect de la femme, et surtout l'estime de l'état religieux dans lequel des millions de chrétiens se sont consacrés à l'unique amour de Dieu.

Le monde d'aujourd'hui parle beaucoup d'amour, de solidarité, de partage... mais ne connaît guère la charité. Il envoie des sondes dans le cosmos, il sait fabriquer des ordinateurs sophistiqués – on prétend même créer de l'« intelligence artificielle » –, mais il est *bien incapable* de produire de la charité, et même du véritable amour humain naturel. Car celui-ci est pur don, oubli de soi sans réserve... L'homme déchu, blessé par le péché originel, ne saurait aimer avec désintéressement, de façon stable et universelle, sans le secours de la grâce. Ainsi, celui qui dédaigne l'amour de Dieu, la charité surnaturelle, exclut-il aussi nécessairement de sa vie la plénitude de l'amour naturel. Dans une société qui a officiellement et résolument rejeté l'Évangile, l'« ensauvagement » – pour reprendre l'expression de l'actuel ministre de l'Intérieur [40] – ne peut que gagner du terrain jusqu'au retour à la barbarie.

La vertu théologale de charité a Dieu pour objet, mais elle s'étend aussi au prochain, nous a appris Notre-Seigneur (Mt 22, 39). Un chrétien aime son prochain de charité à cause de Dieu, parce qu'il est aimé de Dieu et parce qu'il est le bien de Dieu. Bientôt, si Dieu le veut, nous expliquerons ce qui regarde la charité fraternelle. Aujourd'hui, commençons avec la charité à l'égard de Dieu.

L'homme est créé pour aimer ! C'est son aspiration la plus intime, le fond de son existence. Mais sa volonté est si large, si exigeante, qu'elle est adaptée surtout à aimer un bien infini, Dieu.

---

[40] Gérard DARMANIN, interview au journal « Le Figaro », le 24 juillet 2020 : Il « faut stopper "l'ensauvagement" d'une certaine partie de la société ».

Le feu de la charité

> *Dieu nous a créés pour le connaître*, l'aimer *et le servir en cette vie, et jouir de lui en l'autre, dans le paradis* [41], nous enseigne le catéchisme.

Et de fait,

> *Qui sait aimer s'humanise et s'ennoblit ; mais qui sait aimer Dieu se verra, en outre, petit à petit, divinisé. Ainsi, en l'amour pour Dieu, tout homme doit voir sa meilleure chance* [42].

Non seulement l'homme est fait pour aimer Dieu, mais Dieu lui en fait le devoir, par le premier de ses commandements, qui s'avère fort exigeant.

> *Tu aimeras le Seigneur ton Dieu de tout ton cœur, de toute ton âme et de tout ton esprit. C'est là le plus grand et le premier commandement (Mt 22, 37-38).*

La perfection de la charité n'est donc pas un luxe ! Elle est prescrite à tous. Saint Thomas d'Aquin explique en effet :

> *C'est la charité qui nous unit à Dieu, la fin ultime de l'âme humaine. « Celui qui demeure dans la charité demeure en Dieu et Dieu en lui » (1 Jn 4, 16). La perfection de la vie chrétienne tient donc spécialement à la charité (II-II, 184, 1).*

Mais en quoi consiste donc la charité ? Saint Thomas, dans sa *Somme théologique*, nous livre des réflexions très éclairantes. Elles permettront à chacun de faire le point sur sa propre vie de charité. Il n'hésite pas à affirmer que l'authentique charité est une *amitié*. Notre-Seigneur ne nous a-t-il pas dit la veille de sa Passion : « Je ne vous appelle plus serviteurs, mais amis » (Jn 15, 15) ? C'est une parole inouïe ! Qui aurait osé penser cela, si Notre-Seigneur ne nous l'avait révélé ? Aucune des religions purement humaines n'a jamais conçu Dieu comme l'ami des hommes, mais plutôt comme un être extrêmement lointain, au mieux bienveillant. Comment est-ce donc possible ? Une amitié

---

[41] Saint PIE X, *Catéchisme de la Doctrine chrétienne*, Paris, Imprimerie Paul Féron-Vrau, 1913, p. 10.
[42] Père Jérôme KIEFER O. Cist., *Car toujours dure longtemps*, in *Écrits monastiques*, Paris, Le Sarment, 2002, p. 183.

peut-elle vraiment s'établir entre le Dieu tout-puissant et sa pauvre créature ?

Un amour d'amitié

L'amour naturel

Considérons tout d'abord l'amour naturel d'un homme pour un autre. Qu'est-ce qu'aimer quelqu'un ? Jean-Paul Sartre répondait : « Aimer est vouloir qu'on m'aime [43] ». Bien au contraire, saint Thomas répond après Aristote : « Aimer, c'est vouloir du bien à quelqu'un » (I-II, 26, 4).

Il faut distinguer deux espèces d'amour : l'amour dit de convoitise et l'amour de bienveillance. Le premier est l'amour d'un bien, chose ou personne, dont on veut *pour soi* le profit de perfection, d'utilité ou de jouissance. Par exemple, on aime le vin pour sa saveur agréable et son effet tonifiant, mais non pas pour lui-même. C'est évident ! A l'inverse, l'amour de bienveillance, dont l'amitié est la forme la plus excellente, est désintéressé. « Ce qui est aimé d'un amour d'amitié, écrit saint Thomas, est aimé purement et simplement, et *pour lui-même* » (I-II, 26, 4).

L'amour éprouvé pour *quelqu'un* devrait évidemment se classer dans la seconde espèce. Comment ne pas constater, hélas, que beaucoup d'hommes n'aiment leur prochain que d'un amour de convoitise, utilitaire, intéressé...

Les caractères de l'amitié

Étudions plus précisément, avec saint Thomas d'Aquin, les caractéristiques de l'amitié. Il en dégage quatre, très liées les unes aux autres : un bien possédé en commun qui fonde une ressemblance, une certaine communauté de vie, la bienveillance et la réciprocité. L'analyse de ces propriétés va nous permettre d'examiner si l'on peut qualifier d'amitié les relations du chrétien avec Dieu.

---

[43] Jean-Paul SARTRE, *L'Être et le Néant*, Paris, Gallimard, 1957, p. 425.

Une communauté de biens

La première condition de l'amitié est la participation à un même *bien réellement possédé en commun*, ou tout au moins désiré en commun, un idéal partagé qui unifie, une correspondance de pensées, de sentiments et d'activités qui appellent la communion des âmes. Cela doit concerner les biens les plus essentiels de l'homme : les biens spirituels et les valeurs morales. Ce fondement de l'amitié se rencontre éminemment dans les ménages bien assortis.

La communion dans un idéal produit une ressemblance croissante des amis entre eux. Les âmes se sentent identiques et visent à s'identifier de plus en plus dans leurs vues, leurs préférences et leurs sentiments. Un adage l'exprime ainsi : « *Amicitia parem aut accipit aut facit* [44] – *L'amitié nous trouve ou nous rend égaux* ». Saint Thomas explique :

> *Deux êtres étant semblables, et n'ayant pour ainsi dire qu'une seule forme, ils sont un, en quelque manière, dans cette forme. [...] [Par exemple,] deux hommes ne font qu'un dans l'espèce humaine. De sorte que l'affectivité de l'un tend vers l'autre comme vers un même être que soi, et lui veut le même bien qu'à soi (I-II, 27, 3).*

Cette ressemblance reconnue est la cause de l'amitié, dit saint Thomas [45]. C'est elle qui l'établit.

Une certaine communauté de vie

La conséquence spontanée de cette ressemblance, c'est une certaine *communauté de vie* : les amis aiment à se retrouver ensemble le plus possible. « Loin des yeux, loin du cœur », dit-on.

> *On ne pourrait avoir d'amitié avec quelqu'un*, écrit saint Thomas, *si l'on n'avait soi-même l'espérance de pouvoir posséder quelque communauté de vie ou commerce familier avec lui (I-II, 65, 5).*

---

[44] Sentence de Publius Syrus.
[45] Saint THOMAS D'AQUIN, *Commentaire du IIIe livre des Sentences*, d. 27, qu. 1, a. 1, sol. 3. « *Amoris radix per se loquendo est similitudo amati ad amatum.* »

La bienveillance

Ensuite, le mobile essentiel et premier de l'amitié est la *bienveillance*. Mais l'amitié ne se réjouit pas seulement de la prospérité personnelle de l'ami ; elle y travaille activement, se dévoue à accroître cette prospérité, à la défendre contre la menace et l'hostilité. Cela n'exclut pas, à titre secondaire, un certain retour sur soi. En effet, personne ne peut aimer d'amitié sans en éprouver du bonheur. L'amitié produit spontanément en nous la joie, une joie légitime, bien sûr.

La réciprocité

Enfin, l'amitié ne se conçoit pas sans une *réciprocité*, qui doit être manifeste pour chacun. Nous voulons et faisons du bien à quelqu'un qui nous aime *et* qui se montre notre ami. C'est sur le plan de la *bienveillance* que s'exerce la réciprocité, et non sur un intérêt conjugué, une jouissance partagée, qui se réduirait à deux égoïsmes associés, comme lorsque des malfaiteurs s'unissent pour perpétrer un forfait. Non ! On se dévoue à un ami qui est lui-même le plus dévoué des amis. Le désintéressement reste premier ; au point qu'il peut exiger le sacrifice partiel, sinon total, des joies goûtées de l'amitié. « Il n'est pas de plus grand amour que de donner sa vie pour ses amis », a dit Notre-Seigneur la veille de sa Passion (Jn 15, 3).

Application à nos relations avec Dieu

Maintenant, il reste à examiner comment ces quatre caractéristiques de l'amitié se vérifient dans les relations de l'âme chrétienne avec Dieu.

Communauté de biens

D'abord, la communauté de biens.

Si nous nous plaçons au simple niveau de la créature, certes on peut retrouver chez l'homme certaines perfections qui rappellent celles de Dieu, puisqu'il a été créé à l'image de Dieu, avec un esprit et des facultés spirituelles. Mais cela ne constitue guère une communauté de biens qui puisse fonder une amitié. En tant que créature, l'homme se trouve vis-à-vis de Dieu dans un état de dépendance, de soumission. A ce titre, il lui doit la gratitude, l'hommage, le service, le culte. Il ne peut s'agir d'amitié.

Mais, par la grâce du baptême, Dieu nous *adopte* pour ses fils. Cette adoption *en* Notre-Seigneur Jésus-Christ nous rend membres de son Corps mystique et nous destine à la béatitude surnaturelle, le ciel. Il n'est pas une simple récompense, éternelle et immense, mais une réelle *communication* de la *propre* béatitude de Dieu ! Qu'est-ce que cela signifie ? La béatitude de Dieu, sa vie éternelle en définitive, est faite de connaissance et d'amour de lui-même. Donc, *partager* sa béatitude et communier à sa vie, c'est être associé à la connaissance et à l'amour qu'il a de lui-même. Dieu nous élève en quelque sorte à son niveau, il nous « divinise ». Dès lors, Dieu et l'homme partagent le même bien, le même idéal, la même vie profonde : un seul cœur, une seule vie ! Notre charité s'élance vers Dieu pour le chérir comme l'être le plus aimé. Voilà ce qui permet de fonder une réelle amitié [46]. C'est la vraie vie chrétienne, commencée dès ici-bas par l'activité de la grâce, consommée pleinement au ciel.

Communauté de vie

Ensuite, comment peut donc se réaliser le deuxième trait de l'amitié que nous avons évoqué, le commerce familier avec Dieu ? Car, enfin, « Dieu, personne ne l'a jamais vu », nous dit saint Jean (Jn 1, 18). Saint Thomas d'Aquin répond :

> *L'intimité de l'homme avec Dieu se réalise par la contemplation, comme le disait l'Apôtre :* « *Notre vie intime est dans les cieux* » *(Ph 3, 20)* [47].

---

[46] « Puisqu'il y a une certaine communication de l'homme avec Dieu du fait que celui-ci nous rend participants de sa béatitude, il faut qu'une certaine amitié se fonde sur cette communication. C'est au sujet de celle-ci que S. Paul dit (1 Co 1, 9) : "Il est fidèle, le Dieu par qui vous avez été appelés à la communion de son Fils." Il est donc évident que la charité est une amitié de l'homme pour Dieu » (II-II, 241)
[47] Saint THOMAS D'AQUIN, *Contra Gentes*, 4, 22.

LA VRAIE VIE CHRÉTIENNE, A LA SUITE DE SAINT DOMINIQUE

En effet, nous l'avons déjà signalé : nos trois vertus théologales nous mettent *réellement* en contact avec Dieu. Certes, la connaissance de Dieu par la foi reste obscure ; certes l'espérance suppose une certaine absence de possession. Mais, en revanche, notre charité, dès ici-bas, « aime [déjà] Dieu de façon immédiate », dit saint Thomas (II-II, 27, 4).

> *Au-delà de ce que la foi me dit de mon Dieu, au-delà de ce que mon esprit en saisit, ma charité s'unit à lui ; mais je n'aime pas seulement en lui ce que j'en connais actuellement, c'est lui que j'aime, lui comme infiniment aimable, lui inconnu dans son essence intime, lui obscur et mystérieux. [...] Notre cœur franchit le mystère !* [48]

Ainsi, dans la mesure où nous vivons *habituellement* de foi, d'espérance et de charité, nous demeurons dans l'intimité de Dieu. Seulement, celle-ci est d'un autre ordre que dans l'amitié humaine naturelle où la sensibilité a une grande part. Nous voyons nos amis, nous entendons leurs paroles, nous sommes attentifs à l'expression de leur visage ; nous ressentons le contrecoup de leurs anxiétés et de leurs soucis. Tandis que l'intimité de notre amitié surnaturelle avec Dieu est vécue selon l'esprit, quoique d'une manière imparfaite dans l'état présent. Les émotions sensibles qui peuvent accompagner la prière sont donc accidentelles et ne font pas, en soi, partie du commerce amical avec Dieu. Ces émotions ne sont ni le moyen, ni le signe certain d'une communication de l'âme avec Dieu. Il importe donc de ne pas se méprendre : le chrétien aime Dieu en énergie de *volonté* dont les actes extérieurs des vertus attestent la réalité.

Amour de bienveillance

Le troisième caractère de l'amitié, son désintéressement, régit également la charité authentique. Il est significatif que Notre-Seigneur, dans la prière qu'il nous a enseignée – le *Notre Père* – nous

---

[48] Père H.-D. NOBLE O. P., *Commentaire de la Somme Théologique, La Charité*, Paris, Desclée, 1941, t. II, p. 221-222.

fasse précisément demander avant tout le bien de Dieu, notre ami :

> Que votre *Nom soit sanctifié, que* votre *règne arrive, que* votre *volonté soit faite...*

L'essentiel de la liturgie, du reste, a trait principalement à la gloire de notre Dieu ; elle est avant tout louange, admiration, action de grâces. Nous proclamons le bien même de Dieu pour qu'il soit à lui, pour lui. Mais la bienveillance à l'égard de Dieu brûle aussi de zèle pour combattre ce qui s'oppose au règne de Dieu et au triomphe de sa volonté. La charité ne saurait donc être libérale, indifférente à l'extension du Royaume du Christ sur la terre !

L'amour de charité nous engage cependant plus avant que la simple bienveillance. Celle-ci « est un acte simple de la volonté par lequel nous voulons du bien à quelqu'un », tandis que « l'amour y ajoute une *union affective* ». Celui qui aime considère son ami « comme étant un avec lui, ou comme une partie de lui-même, et c'est ainsi qu'il se porte vers lui » (II-II, 27, 2). Et cette union n'est pas un vain mot ! Dieu *habite* l'âme par son Esprit, pour autant qu'elle ne brise pas la charité par le péché mortel :

> *Si quelqu'un m'aime, il gardera ma parole, et mon Père l'aimera, et nous viendrons à lui, et nous ferons chez lui notre demeure (Jn 14, 23).*

Ainsi, la charité réalise vraiment une *fusion* de notre vie avec celle de Dieu. Le chrétien manifestera sa dilection,

> *non point seulement par l'observance des commandements, mais par une intériorisation fervente dans les pensées et les vouloirs de l'Ami divin. Sans doute, Notre-Seigneur a dit : « Si vous m'aimez, observez mes commandements » (Jn 14, 15). C'est là une preuve réelle de l'amour ; ce n'est pas encore tout l'amour* [49].

Or, parmi ceux qui prétendent aimer Dieu, combien recherchent principalement le profit qu'ils peuvent en retirer, prospérité temporelle, guérison, etc. ? Combien, d'autre part, le

---

[49] Père H.-D. NOBLE O. P., *Commentaire de la Somme Théologique, La Charité,* Paris, Desclée, 1941, t. II, p. 211.

LA VRAIE VIE CHRÉTIENNE, A LA SUITE DE SAINT DOMINIQUE

servent exactement certes, mais sans cette union affective ? Le légitime intérêt que nous pouvons et devons porter à notre bien propre ne s'oppose pas, c'est vrai, à l'amour de charité, pourvu qu'il reste subordonné au bien divin. Mais la vraie vie chrétienne est infiniment plus riche ! Le père Jérôme Kiefer, trappiste, s'écrie :

> *L'Église a besoin d'âmes de prière, en grand nombre, en grande fidélité. S'il n'existait beaucoup de croyants qui cherchent comme idéal l'intimité avec Dieu, l'amour du peuple de Dieu pour son Dieu aurait un[e] formidable [lacune] ! Pourquoi cacherais-je que j'aime la vie contemplative ? [...] En la vie contemplative, l'Église passe au-delà de l'amour de bienveillance* [50].

La réciprocité

En effet, les relations du chrétien en état de grâce avec Dieu *dépassent* la simple bienveillance. Nous y trouvons la réelle réciprocité de l'amitié. Comment se réalise cette réciprocité ?

Du côté de Dieu, c'est clair ! L'apôtre saint Jean nous explique que nous ne devons guère douter de la charité de Dieu pour nous :

> *Il a manifesté son amour pour nous en envoyant son Fils unique dans le monde, afin que nous vivions par lui. Et cet amour consiste en ce que ce n'est pas nous qui avons aimé Dieu, mais lui qui nous a aimés et qui a envoyé son Fils comme victime de propitiation pour nos péchés (1 Jn 4, 9-10).*

Et saint Thomas d'Aquin ajoute :

> *Dieu nous aime* comme une partie de lui-même *(II-II, 30, 2, ad 1).*

On pourrait traduire avec le père Jérôme :

> *comme une fibre de son cœur, provisoirement détachée, et qui doit lui faire retour* [51].

---

[50] Père Jérôme KIEFER O. Cist., *Car toujours dure longtemps*, in *Écrits monastiques*, Paris, Le Sarment, 2002, p. 190.
[51] ID, *ibid.*

LE FEU DE LA CHARITÉ

Y croyons-nous ? Il n'est certainement pas *naturel* d'y croire. Si beaucoup d'hommes ne croient pas en Jésus-Christ, n'est-ce pas que l'Incarnation du Verbe de Dieu et la Rédemption sanglante sur le Calvaire, *pures miséricordes*, semblent insensées à l'esprit humain, « scandale pour les Juifs et folie pour les Gentils », comme dit saint Paul (1 Co 1, 23) ?

A nous d'oser y croire !

> Nous, nous avons connu *l'amour que Dieu a pour nous, et nous y avons* cru *(1 Jn 4, 16).*

A nous aussi d'en tirer les conséquences :

> Nous donc, aimons Dieu, puisque Dieu nous a aimés le premier *(1 Jn 4, 19).*

> *[Si les amis] sont aimés et n'aiment pas, on les blâme (II-II, 27, 1).*

Mais de notre côté, la réciprocité se rencontre-t-elle ? C'est la question à nous poser ! Il n'y a pas de vraie charité sans réciprocité, et même, tout comme l'amitié, elle consiste « davantage à aimer qu'à être aimé » (II-II, 27, 1). C'est exigeant ! Si exigeant que beaucoup évitent de s'engager sur le chemin d'une vie chrétienne intégrale et conséquente.

Le père Jérôme ajoute :

> *La charité est une vertu ; par conséquent, elle doit s'exercer. [...] Aimer est une activité, non une passivité ; un surplus dans notre acte d'exister, une perfection, non une inertie. Il faut donc aimer positivement, en prendre la peine.*

> *Si l'on ne veut pas se donner la peine de payer de retour, la simple loyauté obligerait à ne pas se laisser aimer, à refuser les bienfaits de celui qui nous aime à ses frais*[52].

C'est ce que fait le pécheur, endurci par l'orgueil, tel Judas, qui refuse le pardon de Dieu, son Amour miséricordieux qui lui propose de nouveau son amitié... Il fuit, parce que son cœur étroit et aride ne voudrait pas devoir aimer en retour. Au moins, le pécheur est cohérent ! Et sans doute davantage que le chrétien rou-

---
[52] Père Jérôme KIEFER O. Cist., *Car toujours dure longtemps*, in *Écrits monastiques*, Paris, Le Sarment, 2002, p. 190-191.

tinier qui s'estime peut-être très généreux en récitant quelques prières machinales et en assistant distraitement à la messe dominicale.

Un amour surnaturel

Mais si l'homme est fait pour aimer, si c'est son plus grand bonheur finalement, comment se fait-il qu'il aime si difficilement, non seulement son prochain, qui, après tout, n'est pas aimable sous tous rapports, mais même Dieu, si bon, si grand, si parfait ? D'une part, c'est la conséquence du péché originel, M. F., vous le savez. Tout homme entre dans le monde avec une âme détournée de Dieu. Mais surtout, explique saint Thomas, la charité se fonde sur la communication de la béatitude éternelle, de la vie même de Dieu, qui dépasse complètement la capacité et même les désirs naturels de la nature humaine, même si elle était restée intègre.

Un don de Dieu

C'est pourquoi la charité ne peut venir en nous naturellement, ni être acquise par nos forces naturelles. Elle ne peut venir que d'une infusion de l'Esprit-Saint, qui est l'amour du Père et du Fils, dont la participation en nous est la charité elle-même (II-II, 24, 2).

La vertu de charité, tout comme la foi et l'espérance, est un don surnaturel, absolument gratuit, de Dieu. Donc, pour aimer Dieu, nous *dépendons* de lui : il faut qu'il dépose en notre cœur une fibre qui ne peut s'y trouver naturellement. Et Dieu ne mesure pas ce don aux capacités *naturelles* de chacun, à ses talents, son intelligence, que sais-je ? Non. On rencontre bien des saints parmi les enfants, ou parmi les plus démunis de capacité naturelle – pensons à sainte Bernadette, à saint Benoît-Joseph Labre – et, au contraire, bien des savants ou des prix Nobel ne reçoivent jamais la vie de la grâce.

La mesure de la charité dépend [...] seulement de la volonté du Saint-Esprit distribuant ses dons comme il veut. D'où cette parole de l'Apôtre [saint Paul] (Ep 4, 7) : « A chacun de nous la grâce est accordée selon la mesure du don du Christ » (II-II, 24, 3).

Quel encouragement ! *Tout* homme peut recevoir le don de la charité. Elle n'est pas réservée aux grands ni aux riches du siècle. Saint Jean écrit dans le prologue de son Évangile :

> *A tous ceux qui l'ont reçu* [Jésus-Christ], *il a donné le pouvoir de devenir enfants de Dieu, à ceux qui croient en son nom (Jn 1, 12).*

Si donc nous n'y mettons pas d'obstacle – car nous avons ce pouvoir redoutable de refuser la grâce – Dieu saura bien nous apprendre à l'aimer.

> *Comment douter qu'avec un tel constructeur la machine ne produise pas ce qu'elle est destinée à produire, même s'il faut quelque temps pour mettre la machine en route, même si, pendant les premiers temps, il se produit pas mal de fumée ?* [53]

Un don substantiel

La charité est ainsi ce don surnaturel absolument gratuit. Mais c'est plus que cela : le Saint-Esprit, l'Amour personnel du Père et du Fils, vient *lui-même* habiter l'âme juste pour la transformer en l'assimilant à la vie trinitaire. La charité, c'est donc l'activité divine du Saint-Esprit en notre âme. Saint Jean de la Croix, lorsqu'il explique ces vérités, ne peut s'empêcher de s'écrier – cela s'adresse à tous les chrétiens – :

> *Ô âmes créées pour ces grandeurs et appelées à les posséder ! Que faites-vous ? A quoi vous occupez-vous ? Vos vues sont terre à terre et vos biens des misères... Vous êtes aveugles pour une pareille lumière, vous êtes sourds pour un tel appel...* [54]

Sa croissance

Mais alors, si la charité est un don, que pouvons-nous faire pour aimer Dieu davantage ? Devons-nous attendre tout de lui ?

---

[53] Père Jérôme KIEFER O. Cist., *Car toujours dure longtemps*, in *Écrits monastiques*, Paris, Le Sarment, 2002, p. 188.
[54] Saint JEAN de la CROIX, *Cantique spirituel*, str. 38, vers 1.

Saint Thomas d'Aquin enseigne que tout acte de charité *mérite* une augmentation de la grâce sanctifiante et par conséquent de la charité. Mais cette augmentation, qui se réalise en intensité, ne se produit pas à chaque acte de charité : elle est donnée par Dieu seulement à la suite d'un acte plus intense. Nos actes ont donc un rôle de *disposition*. Il y a place pour *notre* énergie. Grandir en charité est aussi *notre* œuvre.

Leçons

Il serait bon, durant ce carême, *d'apprendre* à vivre cette charité-amitié avec Dieu, à répondre à la dilection qu'il a pour chacun de nous. Et, en un sens, c'est urgent !

Il faut aider les hommes à aimer Dieu, beaucoup, et tout de suite, écrit le père Jérôme. *Sinon, bientôt l'humanité, poussée par le matérialisme communautaire, se trouvera de nouveau mûre pour construire des pyramides, avec tout ce que cela suppose d'esclavage corporel, affectif et spirituel*[55].

Voici donc quelques pistes.

Notre Ami est Jésus-Christ

Premièrement, il faut concéder que cette amitié avec Dieu nous est difficile, selon la nature, car, dit saint Jean, « Dieu, personne ne l'a jamais vu ». Il nous faut toujours le chercher par la foi, nous dégager du sensible. Mais saint Jean ajoute : « Le Fils unique, qui *est* dans le sein du Père, c'est lui qui [nous] l'a fait connaître » (Jn 1, 18). Dieu, condescendant à notre faiblesse, s'est *incarné*, a pris un visage humain, s'est manifesté sous le voile d'une humanité humble, pauvre, faible, que nous pouvons voir et toucher ! Notre-Seigneur a connu la trame de notre vie humaine, le péché mis à part, et s'est donné à nous. En croyant en lui, en nous unissant à lui, nous entrons dans la vie trinitaire. Qui pré-

---

[55] Père Jérôme KIEFER O. Cist., *Car toujours dure longtemps*, in *Écrits monastiques*, Paris, Le Sarment, 2002, p. 184.

tendra encore maintenant qu'il est difficile d'aimer Dieu de charité-amitié ?

Le lieu privilégié – non pas unique ! – de notre rencontre avec Notre-Seigneur, c'est le Saint-Sacrement. Quel bonheur d'être ici en sa présence substantielle ! Qui de nous répond dignement à l'amitié que Jésus nous fait de rester nuit et jour au milieu de nous ? La communion sacramentelle a pour premier effet de conférer à l'âme la puissance de produire immédiatement, non pas forcément avec une facilité sensible, des actes d'amour pour Dieu. Qui de nous s'efforce dignement, dans les moments qui suivent la communion, de vivre intensément cette amitié avec Jésus ? Croyez-vous qu'il y soit indifférent ? Écoutez donc ce qu'il dit un jour à sainte Marguerite-Marie qui désirait communier :

> *Ma fille, ton désir a pénétré mon cœur si avant, que si je n'avais pas institué ce Sacrement d'amour, je le ferais maintenant pour me rendre ton aliment. Je prends tant de plaisir d'y être désiré* [56].

Quand il n'est pas possible en semaine d'assister à la sainte messe, de recevoir la sainte communion, n'est-il pas facile de retrouver Jésus sur son crucifix ? Jacinthe de Fatima avait cette dévotion :

> *Souvent*, raconte Sœur Lucie, *elle embrassait un crucifix et en le serrant elle disait :* « *Ô mon Jésus, je vous aime et je veux souffrir beaucoup pour votre amour* » [57].

Passer du temps avec Dieu

Ensuite, l'amitié demande de *fréquenter* l'ami, sans quoi elle s'étiole, perd de sa substance. « Loin des yeux, loin du cœur », dit-on. Remarquez que le mot « fréquenter » est de la famille de « fréquent » ! Pas de vraie vie chrétienne chez celui qui cloisonne sa journée ainsi : dix minutes pour Dieu, le reste pour moi et mon activité purement naturelle.

---

[56] Sainte MARGUERITE-MARIE Alacoque, *Lettre 71*. Nous connaissons la date exacte de ce dialogue. C'était le 28 mars 1687, jour du Vendredi Saint.
[57] *Mémoires de Sœur Lucie*, Fatima, Secrétariat des pastoureaux, 2008, 1er mémoire, p. 64.

LA VRAIE VIE CHRÉTIENNE, A LA SUITE DE SAINT DOMINIQUE

⁂

L'amitié de saint Dominique avec Dieu était intime et soigneusement entretenue ; il y passait du temps, le souvenir du Seigneur ne quittait pas le fond de son âme... Malgré la prédication, ses voyages à pied, incessants et fatigants, malgré les soucis de la fondation et du développement de son Ordre, il s'entretenait sans cesse avec l'Ami. Il célébrait chaque jour la messe, avec grande dévotion, ce qui n'était pas fréquent à l'époque. Il célébrait l'office divin, soit le jour, soit la nuit, aux heures canoniales, sans en rien omettre [58]. Les témoins qui l'ont connu nous rapportent encore :

> *Lorsque, après complies, les frères quittaient l'église pour aller dormir, le bienheureux avait l'habitude de s'y cacher pour prier* [59].
>
> Très souvent *sa prière nocturne se prolongeait jusqu'à l'office de matines ; il le récitait néanmoins avec les frères, allant et venant d'un côté à l'autre du chœur, les exhortant et les excitant à chanter à haute voix et avec dévotion* [60].
>
> *Il était tellement tout entier à la prière que nul bruit, nul tumulte ne pouvait l'en distraire* [61].

Prendre du temps suppose de *renoncer* à certaines activités temporelles, librement – car l'amitié ne se force pas –, et avec détermination. Quelle mesure garder ? Il est bon de prendre conseil auprès d'un prêtre, auprès du confesseur, par exemple, pour l'estimer.

Prendre du temps, cela signifie fixer une durée raisonnable de prière, le matin, le soir, mesurée par la montre, tous les jours, et non pas seulement quand on en a envie. C'est aussi, par exemple, arriver en avance à la messe, ne pas partir comme un voleur après l'*Ite missa est*. C'est encore tout simplement, quand on prie, se tenir attentif en présence de Dieu, avec Notre-Dame, et

---

[58] Déposition de Frère VENTURA de VÉRONE au procès de canonisation de Bologne, juillet 1233.
[59] Déposition de Frère BONVISI au procès de canonisation de Bologne, juillet 1233.
[60] Déposition de Frère ÉTIENNE au procès de canonisation de Bologne, juillet 1233.
[61] Déposition de Frère PAUL de VENISE au procès de canonisation de Bologne, juillet 1233.

non pas seulement *dire* des prières. Saint Louis-Marie nous exhorte à combattre la *précipitation*, qui est, explique-t-il finement, de n'avoir point d'autre intention, en commençant nos prières, que de les avoir bientôt finies [62] ! Nous en reparlerons dimanche prochain, si Dieu veut.

Je sais bien que presque tout le monde aujourd'hui est surchargé de travail, mais si vous passez du temps avec Dieu, si vous savez « perdre » du temps pour Dieu, si j'ose dire, il vous le rendra. En paix intérieure, en équilibre, en joie. Ce sont les fruits de la charité, selon saint Thomas (II-II, 28 & 29).

Conclusion

La vertu de charité nous élève *réellement* à l'amitié avec Dieu ! Une conséquence importante en résulte : habituellement, le chrétien en état de grâce n'opère plus le bien contraint par la menace de la punition ni mû principalement par l'attrait d'une récompense temporelle. Il le fait spontanément, librement, par volonté d'amour, amour que lui infuse le Saint-Esprit. L'apôtre saint Jacques appelle la Loi nouvelle une « loi de liberté » (Jc 1, 25). C'est une grande différence avec la Loi ancienne. Jean-Marie Élie Setbon, rabbin converti, que je vous ai déjà cité, en témoigne :

> *Dans le judaïsme, pour que Dieu m'aime, je dois appliquer à la lettre la Loi, et plus je pratique la Loi, plus je suis aimé de Dieu. C'est donnant donnant* [63].

Et il remarque à juste titre :

> *D'ailleurs, il y a des chrétiens qui en sont restés à cette idée-là. Ils n'ont pas intégré la bonne nouvelle de Jésus que Dieu nous aime paternellement.*
>
> *Avec le Dieu chrétien, j'ai découvert un autre Dieu, un Dieu qui m'aime pour ce que je suis, ce qui n'exclut pas bien sûr que je mène une vie morale, puisque les règles morales sont l'école de l'amour.*

---

[62] Saint LOUIS-MARIE Grignion de Montfort, *Le Secret admirable du très saint Rosaire*, 44ᵉ rose.
[63] Jean-Marie Élie SETBON, *De la kippa à la croix*, Paris, Salvator, 2007, p. 191.

La vraie vie chrétienne, a la suite de saint Dominique

C'est tout le sens du « Aime et fais ce que tu veux » de saint Augustin. Une fois qu'on vit dans l'amour, on n'a plus besoin d'appliquer des lois extérieures, on les a intégrées [64].

« La charité ne passera jamais », écrit saint Paul (1 Co 13, 8). C'est la seule des vertus théologales qui demeurera au ciel. Elle ne changera pas de nature. Le degré de charité que nous atteindrons à notre mort demeurera pour l'éternité. N'est-ce pas un encouragement à beaucoup aimer Dieu dès ici-bas ? N'attendons pas de le voir face à face ; nous le connaissons déjà intimement. Ne passons pas à côté de cette vie d'amitié. Et alors, Dieu ne saura plus rien nous refuser.

Heureuse l'âme qui aime, écrit saint Jean de la Croix, car Dieu est à elle comme un vaincu, et ne demande qu'à exaucer tous ses désirs. A qui le possède par amour désintéressé, Dieu accorde tout, et ne résiste à aucun désir. Mais si on ignore son amour, c'est en vain qu'on lui parle ; rien ne saurait l'émouvoir, pas même les œuvres les plus extraordinaires [65].

Que Notre-Dame, la Mère du Bel Amour, nous enseigne la vraie dilection !

---

[64] Jean-Marie Élie SETBON, *De la kippa à la croix*, Paris, Salvator, 2007, p. 191-192.
[65] Saint JEAN de la CROIX, *Cantique spirituel*, str. 31 in fine.

4ᵉ conférence
LA FORCE DE LA PRIÈRE

LE BIENHEUREUX JOURDAIN DE SAXE, premier successeur de saint Dominique à la tête de l'Ordre et son premier biographe, résume ainsi la vie de prière du fondateur des Prêcheurs :

> Dieu lui avait donné une grâce spéciale de prière pour les pécheurs, les pauvres, les affligés ; il en portait les malheurs dans le sanctuaire intime de sa compassion et les larmes qui sortaient en bouillonnant de ses yeux manifestaient l'ardeur du sentiment qui brûlait en lui-même. C'était pour lui une habitude très courante de passer la nuit en prière. La porte close, il priait son Père [66].

Chez saint Dominique, nous trouvons cet élan incessant vers Dieu que lui imprime la vertu de charité. L'amitié l'appelle sans cesse à l'intimité avec son Dieu, mais aussi au zèle pour le salut du prochain, écho de l'amour que Dieu porte aux hommes.

Nous avons expliqué jusqu'ici comment la vraie vie chrétienne – une vie *d'amitié* avec le Seigneur – s'épanouissait essentiellement dans l'exercice habituel des trois vertus théologales, celles qui ont Dieu immédiatement pour objet, celles qui nous mettent en contact avec Dieu. En effet, l'exigence principale de l'amour surnaturel pour Dieu, se conforme à l'exigence principale de l'amitié humaine : la présence mutuelle. Le chrétien authentique

---
[66] Bx JOURDAIN DE SAXE O.P., *Libellus de initiis Ordinis fratrum prædicatorum*, n° 12 & 13.

vit habituellement avec Dieu. Mais quel est le lieu privilégié de cette rencontre, de ce contact par la foi, l'espérance et surtout la charité ? C'est bien évidemment la PRIÈRE !

Qu'est-ce que la prière ? Des paroles récitées ? Des demandes faites à Dieu ? Pas essentiellement, vous le savez. Le *Catéchisme de la Doctrine catholique*, rédigé par saint Pie X, donne cette définition :

> 414. *Qu'est-ce que la prière ? La prière est une pieuse élévation de l'âme à Dieu pour bien le connaître, l'adorer, le remercier et lui demander tout ce dont nous avons besoin.*

C'est une « *élévation* de l'âme vers Dieu », car Dieu ne nous est pas sensible ; nous devons nous hisser au-dessus du sensible et, dans le cas de la prière chrétienne, au-delà du naturel, pour entrer en contact avec lui, pour croiser son regard. La prière ne se situe pas au niveau de l'émotion, mais du cœur, au sens biblique du terme, ce qui correspond à l'activité de l'intelligence et de la volonté.

Pourquoi prier ?

Essayons de préciser les motifs qui exigent de nous la prière. Dans la pratique, certes, nous n'y pensons guère habituellement, mais cet examen devrait, je l'espère, raviver notre ferveur.

La prière s'impose à l'homme chrétien à deux titres : d'abord en sa qualité de créature, ensuite en vertu de son adoption divine par le saint baptême.

La vertu de religion

Nous sommes des créatures de Dieu et par là même foncièrement *dépendants* de notre cause première, Dieu, non seulement dans notre *origine* – nous n'étions pas et Dieu a créé notre âme – mais encore dans la *conservation* de notre être à tout instant. Si Dieu cessait de nous infuser le souffle de l'être, nous disparaîtrions aussitôt, notre être s'évanouirait dans le néant... Un peu comme si le soleil s'éteignait : toute lumière naturelle cesserait

LA VRAIE VIE CHRÉTIENNE, A LA SUITE DE SAINT DOMINIQUE

d'éclairer la terre quelques minutes plus tard. Nous recevons aussi de Dieu des bienfaits incessants : tous nos biens naturels, du corps, de l'âme, et les biens extérieurs. Certes, des agents naturels concourent à nous les procurer, mais ils seraient impuissants sans le concours de Dieu. Nous l'oublions bien souvent, et pourtant, s'écrie saint Augustin,

> *qui peut considérer les œuvres de Dieu dans le gouvernement et la conduite du monde entier, sans être saisi d'étonnement et comme écrasé sous le poids d'aussi grands prodiges ? La force renfermée dans un seul grain, dans n'importe quelle semence est un spectacle admirable qui inspire à un esprit attentif un sentiment de surprise et d'étonnement. Mais [...] les hommes appliqués à d'autres objets sont devenus insensibles au spectacle des œuvres divines qui devaient leur faire louer leur créateur* [67].

D'autre part, Dieu jouit d'une excellence, d'une grandeur telles qu'il nous dépasse infiniment. Pour ces deux raisons, les bienfaits qu'il nous prodigue et son excellence, l'homme doit à Dieu l'*hommage*. Et il s'agit bien d'un *dû* : nous devons strictement à Dieu l'hommage de notre religion et nous nous en acquittons particulièrement par la prière. C'est un acte de la vertu de religion, qui relève elle-même de la justice. Saint Thomas d'Aquin explique que, par la prière,

> *on [...] révère Dieu en tant qu'on se soumet à lui et que l'on professe avoir besoin de lui, auteur de tous nos biens (II-II, 83, 3).*

Ce tribut de prière est rendu à Dieu spécialement par les prières quotidiennes du matin et du soir, par les prières des repas, selon les bonnes coutumes ancestrales de l'Occident. C'est le minimum d'hommage indispensable. Et en tant que membre de la société chrétienne, l'homme remplit ce devoir de religion par le culte, par la participation à la messe des dimanches et jours de

---

[67] Saint AUGUSTIN, *Tractatus in Iohannis Evangelium*, Paris, Desclée de Brouwer, 1969, coll. « Bibliothèque augustinienne », 71, VIII, 1.

précepte. La messe est la prière de la société chrétienne, de l'Église.

Mais alors, si la prière est un dû de justice, l'homme doit *chaque jour* prier à ce titre, et non pas seulement quand cela lui chante. Quand donc par légèreté, par distraction, par négligence, un chrétien omet sa prière, l'expédie, c'est avant tout une *injustice*, puisqu'il a frustré Dieu du paiement de l'hommage auquel il a droit.

> « J'ai planté ma vigne pour qu'elle produisît des grappes, et elle ne porte que des épines » *(Is 5, 2),* dit le Seigneur. Dieu avait droit à votre prière, à votre adoration, à votre respect, à votre action de grâces, et, comme jadis, le Sauveur maudissant le figuier stérile, il n'a rien trouvé là où il avait le droit strict de trouver quelque chose *(Mt 21, 19).* Ce n'est pas de piété ni de ferveur, comme vous le croyez, que vous manquez : *C'est de justice* [68].

Il est douloureux de constater que beaucoup de fidèles, aujourd'hui, manifestent à cet égard une négligence habituelle qui revêt une certaine gravité. Ils offensent réellement Dieu en ne révérant plus sa majesté, en ne lui témoignant pas de gratitude profonde pour ses dons incessants.

La charité

Ensuite, la prière s'impose au baptisé plus particulièrement, en vertu de la charité. Nous l'avons vu la semaine dernière, Dieu nous a élevés à la dignité de fils et nous fait partager sa vie divine. Il nous appelle vraiment à une relation d'amitié. Un père attend de ses enfants chaque jour des instants d'intimité ; un ami cherche la proximité, la communion mutuelle avec son ami. La prière est justement le lieu où se réalise cet échange d'amitié.

Le juste équilibre

Ainsi, nous ne prions pas seulement par devoir de justice, mais selon la charité. Deux erreurs se rencontrent à ce sujet. Au-

---

[68] Père Ambroise GARDEIL O. P., *La Vraie Vie chrétienne*, Paris, DDB, 1935.

trefois, peut-être, beaucoup de chrétiens s'acquittaient régulièrement de leurs prières quotidiennes, mais d'une façon trop formaliste, extérieure. Puis, depuis le Concile, ceux qui prient encore réduisent souvent la prière à une démarche plus ou moins libre, voire sentimentale, comme si la religion n'était qu'un acte d'amour. Le juste équilibre se rencontre dans une prière régulière et vraiment intérieure. Le chrétien fervent, au fond, éprouve sincèrement les droits de Dieu quand il prie. C'est pourquoi il ne manque pas à la régularité. Mais il prie aussi comme fils et comme ami, il prie de cœur.

Des maîtres pour prier

Certes une telle assiduité dans une prière « en esprit et en vérité » (Jn 4, 24) est difficile, parce que la prière chrétienne est un acte surnaturel, parce qu'elle s'accomplit dans l'obscurité de la foi. Celle-ci ne rassasie guère notre sensibilité. A chaque fois, nous avons besoin de la grâce. Or, ce n'est pas une mince affaire que de rester attentif, chaque jour, pour demander cette grâce et pour l'accueillir. On pourrait ajouter que nous connaissons mal notre âme, que nous avons du mal à la diriger et à percevoir ses mouvements. La prière est donc un art difficile qui doit s'apprendre. Nous avons besoin d'un maître.

Les Apôtres eux-mêmes, bien que parmi les plus pieux des Juifs de leur époque – ils avaient maintes fois quitté leur ouvrage pour aller écouter saint Jean Baptiste au désert, puis ils avaient tout abandonné pour suivre Jésus – les Apôtres eux-mêmes, observant la prière de Notre-Seigneur, étaient fascinés par sa ferveur, sa fréquence, son intériorité.

> *Un jour que Jésus était en prière en un certain lieu*, raconte saint Luc, *lorsqu'il eut achevé, un de ses disciples lui dit : « Seigneur, apprenez-nous à prier, comme Jean l'a appris à ses disciples »* (Lc 11, 1).

C'est alors que Jésus leur enseigna le *Notre Père*, cette merveilleuse et parfaite prière du chrétien.

Qui pourra nous enseigner à prier ? D'abord l'Église, puis les saints, enfin les auteurs spirituels. Mais dans tous les cas, ce sont les modèles qui peuvent le plus nous impressionner.

Le rôle des parents

Au matin de notre vie, ce sont les parents, parfois aussi les grands-parents qui jouent le rôle essentiel. Dans une famille où les parents pratiquent les vertus et prient régulièrement, posément, intérieurement, les enfants suivent facilement leur exemple. Ils perçoivent le surnaturel comme une part importante de la vie, non comme un appendice s'ajoutant artificiellement à la fin de la journée. Sainte Thérèse de Lisieux, par exemple, n'avait qu'à regarder ses parents et ses grandes sœurs pour apprendre à prier, pour aimer celui et celle qui régnaient invisiblement sur le foyer. Voici le récit émouvant d'un enfant qui découvre, à sept ans, le vrai sens de la prière.

J'ai gardé un très net souvenir du moment où, voyant quelqu'un prier, je me rendis compte, pour la première fois, de ce qu'il faisait : un bel acte qui, dépassant les servitudes quotidiennes, met en relation avec un monde surnaturel, invisible, mais aimable et bon.

Déjà la présence à la messe paroissiale des dimanches m'avait impressionné. Je me trouvais immergé parmi cette population rangée au complet dans la vaste église, et pour laquelle ce devoir religieux avait manifestement une grande importance. Cette église était entourée d'une terrasse. [...] Il y avait une grotte de Lourdes, fermée par une grille. Un soir, Maman s'était agenouillée devant cette grotte. D'abord, je m'occupai à parcourir en divers sens le petit espace ménagé sur le devant. Après un moment je dis : « Viens-tu, Maman ? Nous partons. » Elle ne bougeait pas. Très étonné, j'appuyai ma tête contre la grille pour inspecter l'intérieur de la grotte. De la rocaille, des plantes, une statue dressée dans un angle [...] : toutes choses auxquelles on peut accorder un regard en passant, mais si différentes de nous, si indifférentes. Que dire à ces objets et qu'attendre d'eux ? Je revins donc : « Maman, que fais-tu ? – Je prie ; je demande à la Sainte Vierge de nous protéger. » [C'était en 1914.] Laisse-moi encore un moment. » Je cherchais à saisir vers quoi, ou vers qui, se dirigeaient l'attention et le murmure de ma mère. [...] Sa douce gravité, la confiance qu'elle montrait m'étonnaient. A ce moment, je compris qu'au-delà de cette grille, cette longue statue blanche et sourde ne faisait que représenter quelqu'un d'invisible, source possible, source certaine de bienveillance. Je compris qu'une grande personne qui prie à genoux fait un acte sensé et rassurant ; qu'elle est écoutée par une autre personne, proche de nous, aimable, bonne et puissante. Je me dis que j'aimerais savoir prier. [...]

Influence décisive : la foi perçue en acte chez une personne aimée* [69].

Tout y est ! L'auteur nous a donné une autre belle définition de la prière. Si chaque père, si chaque mère, si chaque fidèle priait habituellement ainsi, « en esprit et en vérité », la prière deviendrait pour les enfants comme une deuxième langue maternelle.

La prière de l'Église

Pour l'adulte, le grand maître de la prière, c'est la sainte Église. La prière liturgique, ce recueil multiséculaire de la sagesse de l'Église, nous inculque la grandeur de Dieu et ses perfections, sa miséricorde incompréhensible dans l'œuvre de la Rédemption. Elle fait pénétrer peu à peu dans nos âmes l'authentique spiritualité chrétienne, faite de respect, d'adoration, d'admiration et d'amour. Nous apprenons à nous adresser à Dieu, à Notre-Dame, à la fois avec humilité et confiance. Il suffirait de lire attentivement et de méditer les oraisons des dimanches notamment. Mgr Lefebvre écrit dans son *Itinéraire spirituel* :

Avec quelle profonde conviction nous devrions prononcer toutes les prières liturgiques qui nous rappellent sans cesse ces perfections divines. Alors l'humilité, le silence et tout ce qui nous éloigne du monde nous deviendront naturels, pour aimer vivre en

---

[69] Père Jérôme KIEFER O. Cist., *Car toujours dure longtemps*, in *Écrits monastiques*, Paris, Le Sarment, 2002, p. 90.

Dieu, en la Trinité Sainte, en Jésus-Christ et par Jésus-Christ, en cet océan de bonté, de miséricorde, de toute-puissance [70].

Le pape saint Pie X invitait les fidèles à venir puiser à la liturgie comme à la source première de l'esprit chrétien.

Chers fidèles, ne manquez pas de lire, d'explorer votre missel, non seulement dans le propre et le commun de la messe, mais aussi à l'office des vêpres et ailleurs. Vous y trouverez, par exemple, les plus beaux des psaumes, qui nous apprennent eux aussi à prier selon toutes les circonstances de notre vie, joie et tristesse, angoisse et paix, etc.

※

Saint Dominique puisait sa dévotion pour une grande part « dans les paroles divines chantées au chœur » (Codex Rossianus). C'est pourquoi il voulut que l'office divin fût chaque jour entièrement chanté en commun dans son Ordre. C'est l'un des quatre piliers fondamentaux de la vie religieuse dominicaine.

Les saints

Celui qui cherche un maître de prière s'adressera également aux saints. Si vous n'en côtoyez pas – il y en a pourtant plus que nous ne le pensons autour de nous : ce sont des personnes discrètes, qui prient et se sacrifient dans le secret, qu'une âme intérieure et cherchant Dieu peut découvrir avec un peu d'attention ; la sainteté se trahit sur le visage et surtout dans le regard – mais si vous ne côtoyez pas de saints, il reste la possibilité de faire leur connaissance dans leurs biographies, et plus encore peut-être dans leurs écrits. Il ne faut pas manquer d'y recourir, en s'attachant à un petit nombre d'auteurs avec lesquels on éprouve une affinité d'âme et qui deviennent des maîtres.

※

La prière de saint Dominique impressionnait ses frères, tout comme celle de Jésus les Apôtres, par sa ferveur. En chemin, il

---

[70] Mgr Marcel LEFEBVRE, *Itinéraire Spirituel à la suite de saint Thomas d'Aquin dans sa Somme théologique*, Bulle, Tradiffusion, 1991, ch. 2, p. 25.

LA VRAIE VIE CHRÉTIENNE, A LA SUITE DE SAINT DOMINIQUE

faisait souvent garder le silence, de façon à s'entretenir avec Dieu. Il priait beaucoup la nuit, le jour étant occupé à la prédication. Lorsqu'il était seul, il accompagnait ses oraisons de gestes expressifs, comme nous le rapportent des frères qui se cachaient dans l'église pour l'observer :

[Il fixait] son regard sur le crucifix, à l'autel, ou au chapitre, le contemplait avec une grande attention, tout en multipliant les génuflexions. Parfois, depuis la fin des complies jusqu'à minuit, il s'agenouillait et se relevait sans cesse.

On le trouvait souvent tendu tout entier vers le ciel, comme une flèche qu'un arc bien tendu projette en l'air ; ses mains étaient élevées au-dessus de sa tête, jointes ou tendues tour à tour, ou encore un peu recourbées comme pour recevoir quelque chose du ciel.

Il se présentait parfois devant l'autel le corps bien droit sur ses pieds, sans appui ni attache, tenant ses mains étendues devant lui à la façon d'un livre ouvert. Ainsi était-il debout, comme s'il lisait devant Dieu, avec révérence et dévotion. Alors, il semblait plongé dans la méditation des paroles de Dieu, comme se les redisant à lui-même avec douceur. [...] Quelquefois, il joignait les mains, les gardant étendues devant les yeux, en se concentrant ; d'autres fois, il les élevait jusqu'aux épaules, à la façon du prêtre célébrant la messe ; il paraissait tendre l'oreille, comme s'il désirait mieux entendre quelque parole venant de l'autel. À ce moment, si on voyait sa ferveur, ainsi dressé et faisant oraison, on aurait cru voir un prophète, tantôt conversant avec Dieu ou avec un ange, tantôt l'écoutant, ou encore méditant en silence ce qui venait de lui être révélé.

Souvent, aussi, le bienheureux Dominique se prosternait entièrement par terre, le visage contre le sol. Son cœur était rempli de componction, il avait honte de lui-même, disant parfois, à voix assez haute pour être entendue, cette parole de l'Évangile : « Dieu, prends pitié de moi, pécheur », et il se redisait avec crainte et avec respect, la parole de David : « C'est moi qui ai péché, qui ai fait le mal ». [...] Et il pleurait en tremblant [71].

---

[71] Codex Rossianus 3, 1450, bibliothèque vaticane.

Bien sûr, ce genre de prière n'est pas à imiter en public. Mais celui qui se sent inspiré peut le faire dans sa chambre, seul à seul avec son Dieu. Les attitudes de notre corps concourent certainement à mieux prier.

Le prêtre

Enfin, celui qui veut sincèrement *apprendre* à prier doit surtout se faire accompagner par un maître vivant, c'est-à-dire par un père spirituel, prêtre séculier ou religieux. Celui-ci pourra le guider au fur et à mesure de ses découvertes, le garder des écueils, des illusions, l'encourager quand c'est nécessaire. Adressez-vous donc à un prêtre ou bien à votre confesseur et demandez-lui qu'il veuille bien vous enseigner cet art difficile. Dieu bénira votre humilité et éclairera votre père spirituel sur votre âme. Ainsi ont toujours fait les moines, depuis les pères du désert, qui installaient leur hutte à proximité de celle d'un ancien, jusqu'à aujourd'hui, où les maîtres des novices et des étudiants forment personnellement les jeunes frères à la vie intérieure.

Les formes de la prière

Maintenant, je voudrais insister sur la conversation familière du chrétien avec Dieu, Notre-Seigneur et Notre-Dame, au titre de l'amitié dans laquelle ils veulent nous introduire. Quelles formes revêt cette prière dans la tradition chrétienne ?

Nous avons à apprendre comment pénétrer au cœur des prières vocales. Celles-ci nous conduisent ensuite à la prière mentale de plus en plus fréquente au cours de la journée.

Le cœur de la prière vocale

Pénétrer au cœur ? Qu'est-ce que cela signifie ? Lorsque vous voulez déguster un fruit délicieux, vous ne vous contentez pas de regarder, par exemple, l'orange, de humer son arôme ou de lécher son écorce. Évidemment ! L'essentiel du fruit se trouve à l'intérieur, et vous ouvrez l'écorce pour vous nourrir et vous régaler. Il en va de même avec la prière liturgique ou la prière vocale. Voyons deux exemples : la sainte messe et le rosaire.

L'âme de la sainte messe

Le sacrifice

La sainte messe, nous l'avons vu, est avant tout *le* sacrifice de l'Église, l'acte suprême de son culte officiel, le renouvellement du sacrifice du Calvaire, par lequel Notre-Seigneur, vrai Dieu et vrai homme, nous a réconciliés avec le Père, rachetés et a satisfait pour nos péchés. Nous y offrons à Dieu, en union avec la divine Victime, nos propres prières et sacrifices. Par là, comme je l'ai évoqué, nous remplissons le devoir de religion qui nous incombe, en tant que créatures et en tant que chrétiens.

Mais en même temps, le sacrifice renouvelé sur l'autel par Notre-Seigneur est un lieu privilégié pour nous approcher, nous unir à son âme. En effet, que fait précisément Notre-Seigneur au moment de la consécration ? C'est lui qui donne aux paroles du prêtre la vertu d'opérer la transsubstantiation. Il n'est pas au Ciel comme un spectateur passif de ce que le prêtre, que nous voyons, accomplit. Son humanité est l'instrument volontaire et conscient, toujours uni à sa divinité, qui réalise actuellement la transsubstantiation et qui répand les grâces dérivant du sacrifice. D'autre part, le cœur du sacrifice de la messe est l'offrande *intérieure* du cœur, de l'âme de Jésus-Christ, manifestée par son oblation *extérieure*, selon un mode physique, il y a deux mille ans au Calvaire, selon un mode sacramentel, chaque jour, sur nos autels. Sans la première oblation, la seconde n'aurait pas de valeur : l'offrande physique n'est que le signe extérieur de l'oblation intérieure.

Cette offrande intérieure du Sacré-Cœur de Jésus ne cesse jamais : il est prêtre pour l'éternité. Jusqu'à la fin du monde, il remplit sa fonction de médiateur, de prêtre et de sanctificateur. Saint Paul écrit aux Hébreux : « Jésus-Christ intercède toujours pour nous » (He 7, 25). Cependant, Notre-Seigneur agit plus particulièrement à la messe, au moment de la consécration, et à cet instant-là, nous pouvons nous unir très intimement à ce qui est pour lui sa raison d'être. Le Verbe s'est incarné avant tout en vue de la rédemption des hommes – *propter nos et propter nostram salutem*, chantons-nous dans le *Credo*.

> *Le Fils de l'homme est venu [...] pour servir et donner sa vie pour la rançon de la multitude (Mc 10, 45).*

Il appelle la Passion son « heure ». Il l'a attendue et désirée depuis son incarnation. Sa Passion est le cœur de sa vie ; c'est pourquoi la sainte messe aussi est, aujourd'hui encore, son trésor, car elle continue à réaliser la rédemption, le salut du monde.

> *Ce sacrement opère dans l'homme l'effet que la passion du Christ a opéré dans le monde*, écrit avec vigueur saint Thomas d'Aquin (III, 79, 1).

A l'instant de la consécration du Précieux Sang, alors que Notre-Seigneur renouvelle réellement, par les mains du prêtre, son sacrifice, nous sommes en contact avec Jésus dans ce qui lui est le plus cher. Le père Calmel O.P. le souligne par ces paroles très belles :

> *Pour le fidèle, mais plus encore pour le prêtre, la messe, selon la parole de saint Vincent Ferrier est « l'acte le plus haut de la contemplation »* [72]. *[...]*
>
> *Le Christ, qui se rend présent comme immolé, s'offre nécessairement sur l'autel avec les intentions de religion et d'amour qu'il avait sur le bois de la croix. [...] C'est dans la consécration et la communion que le prêtre [mais également le fidèle] est le plus proche de la source vivante de toute charité et de toute oraison ; c'est là que son âme reçoit plus intensément les grâces d'amour, de zèle, de contemplation. [...]*
>
> *Entre la dévotion, la prière, l'oraison selon qu'elles se situent pendant la messe ou en dehors de la messe, il existe cette différence que, pendant la messe, l'oraison unit à Jésus-Christ lorsque,*

---

[72] « *Missa est altius opus contemplationis quod potest esse.* » Saint VINCENT FERRIER, *Sermo Sab. post Dominicam Oculi.* Cité dans la préface de : Père CLÉRISSAC, O.P., *Le Mystère de l'Église*, Paris, Cerf, 1921, 2ᵉ édition, p. 12. Cette préface est de Jacques Maritain.

d'une manière effective, réelle, actuelle, il offre son sacrifice et exprime son amour sacramentellement [73].

N'est-ce pas bien le moment d'assumer l'état d'âme de notre Ami, comme nous y invite saint Paul, lorsqu'il écrit aux Philippiens :

> *Ayez en vous les mêmes sentiments dont était animé le Christ Jésus. [...] Il s'est anéanti lui-même, en prenant la condition d'esclave. [...] Il s'est abaissé lui-même, se faisant obéissant jusqu'à la mort, et à la mort de la croix (Ph 2, 5, 7, 8).*

La communion

L'autre aspect de ce sacrement-sacrifice qu'est l'Eucharistie c'est, bien sûr, la sainte communion. Il nous faut d'ailleurs prendre garde de ne pas la *séparer* du sacrifice. Les deux forment une seule réalité, car le rôle de la communion, comme son nom l'indique, est de nous rendre participants au sacrifice. Elle nous applique le fruit de la Passion, la rémission de nos péchés. Quand nous communions, nous recevons Notre-Seigneur dans *l'acte même* de son immolation pour nous. Cette précision est importante. A aucun moment, il ne nous a aimés davantage : « Il n'y a pas de plus grand amour que de donner sa vie pour ceux que l'on aime » (Jn 15, 13). Aucun acte ne peut donc, en soi, rendre plus étroite notre union avec Jésus. La communion, par une augmentation de la grâce et donc de la vertu de charité, nous associe étroitement non seulement à son corps très pur, mais à son âme. Saint Thomas écrit :

> *Ce sacrement non seulement confère l'habitus de la grâce et de la vertu, mais encore l'excite à produire son acte, comme dit S. Paul (2 Co 5, 14) :* « *La charité du Christ nous presse.* » *De là vient que, par la vertu de ce sacrement, l'âme est spirituellement restaurée, du fait qu'elle est délectée et d'une certaine manière enivrée par la douceur de la bonté divine, selon la parole du Cantique (5, 1) :* « *Mangez, mes amis, et buvez ; et enivrez-vous, mes bien-aimés.* » *(III, 79, 1, ad 2um)*

---

[73] Père Roger-Thomas CALMEL O.P., *Les mystères du royaume de la grâce*, Jarzé, Dominique Martin Morin, 1990, p. 274 et s.

La présence réelle au tabernacle

Enfin, il est bien évident pour chacun que notre prière est facilitée par la présence substantielle permanente de Jésus au tabernacle, au milieu de nous. C'est une des raisons pour lesquelles Notre-Seigneur a institué ce sacrement. Ce privilège exige de notre part de nous rendre présents également autant que c'est possible au pied du tabernacle, pour passer du temps avec lui et honorer sa présence. Le Sacré-Cœur s'est plaint, spécialement à sainte Marguerite-Marie, de l'indifférence des chrétiens à sa présence sacramentelle :

> *Je ne reçois de la plupart que des ingratitudes, par leurs irrévérences et leurs sacrilèges, et par les froideurs et les mépris qu'ils ont pour moi dans ce sacrement d'amour* (16 juin 1675).

※

Saint Dominique vivait intensément de la messe, de l'Eucharistie, comme nous l'avons déjà vu, parce que précisément, il s'élevait derrière le rite sensible jusqu'au cœur du mystère et jusqu'à l'âme de Notre-Seigneur. Il a voulu, dans les Constitutions de son Ordre, que la messe fût chantée par la communauté chaque jour, comme une source de sainteté, sans doute, mais plus précisément comme une source de contemplation. Car le prêcheur doit joindre à l'orthodoxie la contemplation aimante des mystères annoncés. Sa prédication, aux yeux du fondateur, doit dériver de l'étude et de la prière, mais particulièrement de

> *ce qui en est ici-bas la réalisation la plus haute, l'expression qui dépasse toute prière, c'est-à-dire le saint sacrifice avec la solennisation liturgique qui est normalement requise* [74].

L'âme du Rosaire

Après la sainte messe, une autre prière à apprendre, à redécouvrir, c'est le saint Rosaire. En effet, il est souvent mal prié parce que mal compris, mal connu. Ici aussi, il nous faut « ouvrir l'écorce » et pénétrer à l'intérieur !

---

[74] Père Roger-Thomas CALMEL O.P., *Les mystères du royaume de la grâce*, pp. 274 et s.

LA VRAIE VIE CHRÉTIENNE, A LA SUITE DE SAINT DOMINIQUE

Le Rosaire n'est pas d'abord une prière vocale, la répétition des *Pater* et des *Ave Maria*, mais avant tout une méditation, une contemplation. L'essentiel consiste dans cette considération intérieure, silencieuse des mystères, qui est comme son âme. Mais il ne s'agit pas seulement de *réfléchir* sur les événements ; cela doit conduire à un échange, à une contemplation du cœur, avec des actes d'admiration, de louange, d'action de grâces, en un mot : d'amour. Mieux que cela, nous y *accompagnons* Notre-Dame vivante, corps et âme, au ciel, dans le souvenir qu'elle entretient sans cesse des événements les plus marquants et les plus beaux de sa vie sur terre : les événements de l'incarnation et de la rédemption. Ne prions pas le chapelet seuls sur terre, M. F., mais unissons-nous toujours à l'âme de Notre-Dame. Ou plutôt, laissons-la prier, adorer, remercier *en nous*. Elle veut prendre possession de notre âme pour prier, pour étendre sa prière et la renouveler. Cherchons Notre-Seigneur *avec elle*. Sœur Lucie écrit :

> *Cette prière nous conduit à une rencontre familière avec Dieu, comme un enfant qui va à son père, pour le remercier des bienfaits reçus, pour parler avec lui de ses principales actions, pour obtenir ses conseils, son aide, son soutien et sa bénédiction* [75].

Si vous apprenez – c'est certes un effort quotidien de s'élever ainsi, par la foi pure, dans la contemplation – mais si vous vous efforcez de contempler ainsi les mystères avec Jésus et Marie, le Rosaire devient pour vous une *école* d'oraison mentale. Le père Vayssière, grand dévot dominicain du chapelet, nous explique :

> *Le Rosaire, c'est non seulement Jésus remplissant l'esprit, mais encore pénétrant, envahissant le cœur pour le réchauffer et l'embraser. Peut-on rester en face d'un foyer, d'un brasier sans se pénétrer, à son tour, de sa chaleur ? Et n'est-ce pas la chaleur, la flamme de l'amour qui ressortent de tous les mystères du Rosaire ? Comment ne pas aimer Celui qui nous prodigue tant d'amour ? Celui qui se donne sans réserve ?* »

---

[75] Sœur LUCIE, *Appels du message de Fatima*, Fatima, Secrétariat des pastoureaux, 2006, p. 138.

« *Le Rosaire, c'est une heure d'intimité avec Jésus et Marie, dans l'oubli de tout le reste. Il nous porte au plus intime de la vie chrétienne pour nous pénétrer de sa grâce et l'aviver sans cesse en nous. Qui pratique ainsi le Rosaire est à la source d'une vraie sainteté* »[76].

⁂

La sainte Vierge a confié le Rosaire à saint Dominique précisément pour restaurer ou raviver la vie divine de foi, d'espérance et de charité dans les âmes ravagées ou menacées par l'hérésie manichéenne en Languedoc au XIII° siècle. Aujourd'hui encore, il possède une vertu puissante pour entretenir et accroître notre vie théologale, mais à la condition qu'il soit bien prié. C'est pour cela que Notre-Dame a insisté à Fatima pour que nous le récitions chaque jour.

Ceux qui abandonnent le chapelet, dit Sœur Lucie, *n'ont rien qui les retienne, et ils finissent dans le matérialisme de la vie terrestre* [77].

La prière mentale

L'oraison mentale

La vie théologale d'amitié avec Dieu s'épanouit dans toute son amplitude lorsqu'on pratique ce que les auteurs spirituels appellent l'*oraison mentale*. Ils sont unanimes pour affirmer que c'est une étape décisive du progrès de la vie intérieure.

C'est là, dit saint Jean de la Croix, *que Dieu m'apprend la céleste sagesse, éclaire mon esprit et me donne son cœur* [78].

Si vous avez eu la grâce de suivre une retraite spirituelle, vous savez de quoi il s'agit : un temps de réflexion ou de contemplation, en silence. Sainte Thérèse d'Avila parle d'un

---

[76] Père Marie-Étienne VAYSSIÈRE O.P., *Sur la route sans bagages*, SOS éditions, 1974, p. 202.
[77] Sœur LUCIE, *Appels du message de Fatima*, Fatima, Secrétariat des pastoureaux, 2006, p. 140.
[78] Cité par le père Réginald GARRIGOU-LAGRANGE O. P., *L'Amour de Dieu et la Croix de Jésus*, Paris, Cerf, 1929, t. II, p. 710.

> commerce intime d'amitié où l'on s'entretient souvent seul
> à seul avec Dieu dont on se sait aimé [79].
>
> Quand tu veux prier, entre dans ta chambre et, ayant fermé ta
> porte, prie ton Père qui est présent dans le secret ; et ton Père, qui
> voit dans le secret, te le rendra (Mt 6, 6).

L'oraison mentale est le lieu privilégié où nous allons à la rencontre de cet Amour substantiel qui est Dieu. Lui est toujours présent à nos côtés, mais c'est nous qui, bien souvent, sommes absents, distraits par le monde extérieur sensible. Il s'agit donc de rentrer en nous-mêmes pour y rencontrer Dieu par le recueillement, par le silence, par la bonne volonté et le désir de lui plaire. Sainte Thérèse d'Avila nous explique comment faire :

> Représentez-vous le Seigneur à côté de vous et regardez avec
> quel amour et quelle humilité il vous enseigne ! [80]
>
> Le grand dommage vient de ce que nous ne savons pas en toute
> vérité qu'il est proche, mais que nous nous le représentons très
> lointain. Et si loin que nous le cherchons dans le ciel ! [81]

L'oraison nous apprend à parler à Jésus aussi souvent qu'on le peut, lui parler de nous-mêmes, de nos misères ; mais surtout de lui. L'adorer, l'admirer, le remercier, l'aimer. C'est encore savoir l'écouter, le laisser agir, le laisser parler.

L'oraison est avant tout un don de Dieu. Elle suppose l'humilité, car Dieu fuit les orgueilleux. Mais Dieu désire infiniment plus l'union que nous ne la désirons. S'il nous appelle à la vie d'oraison, c'est parce qu'elle est source d'une infinité de biens. Elle nous fait connaître et aimer Dieu, nous rend fervents et généreux dans l'amour du prochain, nous transforme, nous sanctifie, nous guérit. Qui s'engage dans la vie d'oraison peut être sûr que, du moment qu'il persévère, il recevra tout cela et bien davantage. Au contraire, écrit sainte Thérèse :

> les âmes qui ne font pas oraison sont comme un corps para-
> lysé ou perclus, qui a des pieds et des mains, mais qui ne

---

[79] Sainte THÉRÈSE DE JÉSUS, *Vie*, ch. VIII.
[80] Sainte THÉRÈSE DE JÉSUS, *Le chemin de la perfection*, ch. 42.
[81] Sainte THÉRÈSE DE JÉSUS, *Le chemin de la perfection*, ch. 50.

peut pas s'en servir. Certaines âmes en effet sont tellement habituées à ne s'occuper que des choses extérieures qu'on ne saurait les en tirer, et qu'elles semblent dans l'impuissance de rentrer en elles-mêmes [82].

La vie en présence de Dieu

Le chapelet et l'oraison mentale du matin acheminent le chrétien vers la vie en présence de Dieu, comme en présence d'un père, d'un ami qu'on ne quitterait jamais. C'est la réalisation de la vraie vie chrétienne à laquelle le baptisé est appelé, mais que peu d'entre eux, du moins en notre temps, atteignent...

Pour l'entretenir au cœur même de l'activité extérieure que notre condition terrestre ne permet pas d'éviter, les pères du désert pratiquaient « la prière du cœur ». Ces ermites vécurent dans les déserts d'Égypte ou du Proche-Orient dès le IIIe siècle. Ils utilisaient des formules de prière fort simples et brèves qu'ils répétaient tout le jour. Ce sont *des appels au secours de l'homme en butte aux tentations*. La prière la plus commune est tirée de l'Évangile : « Seigneur Jésus, Fils de Dieu, ayez pitié de moi, pécheur ! » Jean Cassien [83], quant à lui, propose le verset de psaume par lequel commence chaque heure de l'office divin : « Dieu, venez à mon aide. Seigneur, hâtez-vous de me secourir ! »

Dans tous les cas, une telle prière doit être dite lentement, paisiblement, avec une pause entre chaque membre, en suivant un peu le rythme de la respiration, d'abord à mi-voix, avant d'être associée au rythme du cœur : cela facilite l'attention, permet de dominer le vagabondage de l'esprit.

Les pères du désert sont devenus des « champions » en la matière. On rapporte que saint Macaire priait ainsi trois cents fois par jour. Un autre, Paul, commençait chaque matin par ramasser trois cents cailloux et en jetait un à chaque invocation. Un jour, on lui parla d'une vierge qui faisait sept cents prières par jour. Profondément humilié, il alla trouver Macaire qui lui fit la juste

---

[82] Sainte THÉRÈSE DE JÉSUS, *Le Château de l'âme*, 1re demeure, ch. 1.
[83] JEAN CASSIEN, *10e conférence*, réponse de l'abbé Isaac.

leçon suivante : ce n'est pas le nombre qui importe, mais la qualité. C'est ce que nous devons retenir, bien entendu. Saint Augustin écrit :

> *Il est bon et salutaire de prier longtemps, lorsque le soin des bonnes et nécessaires actions de la vie nous le permet, quoique dans ces actions mêmes il faille toujours prier avec un pieux et saint désir* [84].

C'est-à-dire ne pas perdre complètement de vue Dieu. Saint Augustin continue :

> *Prier beaucoup, c'est frapper longtemps, avec un pieux mouvement du cœur, à la porte de celui que nous prions. La prière, en effet, consiste plus dans les gémissements et les larmes que dans de grands discours et de nombreuses paroles. Dieu met nos larmes en sa présence* [85].

Ainsi, lorsque Notre-Seigneur commande de « prier toujours et sans se lasser » (Lc 18, 1), cela signifie, explique saint Thomas, que la prière doit durer

> *tant qu'elle est utile pour exciter la ferveur du désir intérieur. Quand elle dépasse cette mesure, de telle sorte qu'elle ne puisse être continuée sans ennui, on ne doit pas la prolonger davantage. [...] La prolixité de la prière ne consiste pas à demander beaucoup de choses, mais dans l'insistance du désir sur une seule chose (II-II, 83, 14).*

Leçons

La prière est une des activités les plus nobles de l'homme. Nous avons reçu le privilège, par notre saint baptême, par le caractère sacramentel qu'il a imprimé dans notre âme, d'être rendus capables de nous entretenir avec Dieu notre Père, d'apparaître agréables à ses yeux et d'être entendus. Notre-Seigneur lui-même nous a invités à vivre en sa présence sans cesse. La bienheureuse Élisabeth de la Trinité écrivait ainsi à une amie à la veille de sa mort :

---

[84] Saint AUGUSTIN, *Lettre CXXX*.
[85] Saint AUGUSTIN, *Lettre CXXX*.

C'est ce qui a fait de ma vie, je vous le confie, un ciel anticipé : croire qu'un Être, qui s'appelle l'Amour, habite en nous à tout instant du jour et de la nuit et qu'Il nous demande de vivre en Société avec Lui [86].

Est-il logique, est-il raisonnable, est-il salutaire d'en tenir si peu compte ? Dieu devra-t-il attendre notre mort, pour nous voir nous intéresser à la vie éternelle qu'il a *déjà* commencé à nous communiquer et à quel prix ! Non ! Faisons un effort, en ce carême, pour *apprendre* à prier.

Voici quelques conseils pratiques qui pourraient faire l'objet de résolutions.

Un oratoire

D'abord, ayez chez vous un lieu dédié à la prière, un oratoire, ou au moins un coin de votre chambre, orné, muni d'un beau crucifix, d'une belle statue de Notre-Dame, de chandeliers. Il convient de garder une certaine sobriété, de peur de se distraire excessivement à cause de tous les objets de piété. Ceux-ci ne servent qu'à nous aider, ils ne sont pas un but en soi.

Le silence

Ensuite, ménagez-vous du silence, non seulement pendant la prière, cela va sans dire, mais aussi une partie de la journée au moins. Le silence rend l'âme disponible à Dieu. Le monde moderne le détruit presque partout, au grand détriment de nos âmes.

Consacrer notre temps

Enfin, sachez renoncer aux activités temporelles, même raisonnables, pour donner du temps à la prière. Sans quoi, vous ne commencerez jamais à prier. C'est important tout particulièrement au moment fixé pour prier. Acceptez que ce temps soit « perdu » pour votre activité purement temporelle.

---

[86] Bienheureuse ÉLISABETH DE LA TRINITÉ, *Lettre à Mme G. de B.*, 1906.

Conclusion

Demandons à Notre-Dame de nous former. Elle le fera particulièrement par son Rosaire. Et prenons à cœur, à sa suite, de réjouir Dieu.

Je vous exhorte, dit saint Jean Eudes, *autant qu'il m'est possible, et vous conjure au nom de Dieu, puisque notre très aimable Jésus daigne prendre ses délices d'être et de converser avec nous par le moyen de la sainte oraison, de ne pas le priver de son contentement, mais d'expérimenter combien il est véritable ce que dit le Saint-Esprit, à savoir « qu'il n'y a point d'amertume en sa conversation, ni d'ennui en sa compagnie, mais joie et réjouissance » (Sg 8, 16).*

5ᵉ conférence
LA PÉNITENCE SALUTAIRE

[SAINT DOMINIQUE] *était un véritable amant de la pauvreté. Il usait de vêtements vils. Dans la nourriture comme dans la boisson, sa tempérance était extrême. Il évitait ce qui pouvait avoir quelque délicatesse et se contentait volontiers d'un simple plat. Il avait un grand empire sur sa chair. Il usait du vin en le mouillant, de telle sorte que tout en satisfaisant à la nécessité du corps, il ne risquait pas d'émousser la subtile finesse de son esprit* [87].

Il est significatif que saint Dominique, qui n'offensa jamais Dieu par un péché mortel, qui conserva toujours une pureté éminente de corps et d'âme, ait pratiqué depuis sa jeunesse une stricte pénitence. Cela peut étonner, car la pénitence est la plupart du temps conçue comme le moyen de *réparer* les péchés commis. Pourtant, c'est un trait constant des âmes ferventes : plus elles s'approchent de Dieu, plus elles sont inspirées de pratiquer la pénitence. N'est-ce pas un signe que la vraie vie chrétienne, la vie chrétienne dans sa plénitude, celle que nous considérons pendant ce carême, comporte nécessairement un aspect ascétique ? Il est dur de l'entendre pour les oreilles du XXIᵉ siècle, et pourtant Notre-Seigneur lui-même l'a pratiqué et nous a montré l'exemple : il a voulu éprouver les rigueurs de la pauvreté, de la faim, de la soif ; il a souvent veillé la nuit ; il a, surtout, choisi de subir sa Passion.

---

[87] Bienheureux JOURDAIN de SAXE O. P., *Libellus de initiis Ordinis Fratrum Prædicatorum*, n° 108.

Cela apparaît bien mystérieux et demande des éclaircissements. Comment se fait-il que la vie théologale, cette vie de foi, d'espérance et de charité, cette vie d'amitié avec Dieu, soit difficile à pratiquer de façon stable, même avec le secours de la grâce divine, si l'homme a été créé par Dieu pour cela ? Pourquoi le chrétien doit-il se mortifier, faire pénitence ? Notre corps, les biens extérieurs créés par Dieu ne sont-ils pas bons en eux-mêmes ? Pourquoi faudrait-il restreindre, se priver dans une certaine mesure de l'usage de ces biens ? C'est toute la question de l'ascèse chrétienne.

L'état de la nature humaine

La réponse à toutes ces questions se trouve dans l'état actuel de la nature humaine.

La création de Dieu

Nature de l'homme

Dieu a créé l'homme comme un *microcosme*, « car toutes les créatures du monde se trouvent de quelque façon en lui », dit saint Thomas d'Aquin (I, 91, 1). En effet, il possède des puissances végétatives, qui lui sont communes avec les végétaux : il se nourrit, il grandit, il se reproduit ; il dispose de puissances sensitives : une connaissance et un appétit sensibles communs avec les animaux. Enfin, comme les esprits, il est doué de connaissance et d'amour spirituels. Ainsi l'homme est-il une créature fort complexe, intermédiaire entre le monde sensible et le monde des purs esprits. Il est un composé substantiel de corps et d'esprit. Voilà qui le distingue radicalement des autres animaux et l'élève presque infiniment au-dessus d'eux.

Il est très important, même capital, de tenir cette vérité, contre deux erreurs opposées qui sous-tendent de nombreuses philosophies et ont des conséquences désastreuses. J'ai déjà évoqué celles des *Manichéens*, qui professaient la transmigration des âmes. Les hommes ne seraient que des esprits tombés dans un corps, lui-même œuvre du dieu mauvais, dont il faudrait se libérer par l'ascèse. Tout ce qui est corporel dans l'homme serait en soi mauvais. Le corps ne serait pas vraiment une partie de l'être humain. Il faudrait s'en affranchir autant qu'il est possible. Cette erreur se retrouve dans les religions ou philosophies orientales. Elle conduit au mépris du corps et de ses fonctions naturelles, de l'alimentation et de la procréation. A l'opposé, selon l'erreur du *matérialisme*, qui a pratiquement envahi tous les esprits aujourd'hui, l'homme ne serait qu'un animal plus évolué. Ce matérialisme évolutionniste nie l'existence spécifique de l'esprit ; il réduit la pensée humaine à une activité physico-chimique du cerveau, plus développée que chez les animaux. La perfection de l'homme consiste donc dans la libre jouissance de son corps, mais aussi dans le libre exercice de la pensée, sans aucune limite. C'est *l'hédonisme* contemporain, qui ravale l'homme presque au niveau de la bête.

Perfection de l'homme

Nous professons, au contraire, que l'homme est spécifiquement distinct des autres animaux. Comme toutes les autres créatures, dès la création, il est sorti parfait des mains de Dieu. Son esprit dominait parfaitement l'activité de sa sensibilité. Les passions de l'âme, en particulier – c'est-à-dire, l'amour, la haine, le désir, la colère, etc. –, obéissaient à la direction de la volonté. Saint Thomas d'Aquin décrit en quoi consistait, ce qu'on appelle l'état de *justice originelle* de l'homme :

> *L'homme en sa condition fut ainsi institué par Dieu : tel que son corps soit absolument soumis à son âme ; qu'en outre, entre les parties de l'âme, les puissances inférieures soient soumises sans répugnance à la raison ; et que la raison elle-même soit soumise à Dieu. Mais du fait que le corps se trouvait soumis à l'âme, il résultait qu'aucune passion ne pouvait se produire en lui qui fût contraire à la domination de l'âme. [...] De même, du fait de la soumission à la raison de ses puissances inférieures régnait en lui une tranquillité d'esprit parfaite, sa raison n'étant troublée par aucune*

La pénitence salutaire

passion désordonnée. Enfin, du fait que sa volonté était soumise à Dieu, l'homme rapportait toutes choses à Dieu comme à sa fin dernière, en qui sa justice et son innocence se trouvaient assurées [88].

En l'homme, la vie végétative est au service de la vie sensitive ; celle-ci sert la vie de l'esprit.

Il est naturel à l'homme d'acquérir la science par les sens ; et si l'âme est unie à un corps, c'est parce qu'elle a besoin de lui pour son opération propre (I, 101, 1).

D'autre part, Dieu a laissé à l'homme le libre usage de toutes les créatures corporelles, comme nous le lisons dans la Genèse :

Dieu leur dit : « Soyez féconds, multipliez, remplissez la terre et soumettez-la, et dominez sur les poissons de la mer, sur les oiseaux du ciel et sur tout animal qui se meut sur la terre. » Et Dieu dit : « Voici que je vous donne toute herbe portant semence à la surface de toute la terre, et tout arbre qui porte un fruit d'arbre ayant semence ; ce sera pour votre nourriture » (Gn 1, 28-29).

Les créatures doivent aider l'homme à connaître Dieu et à l'aimer, ni plus ni moins. C'est leur but principal, du point de vue de l'homme. Dieu dit à sainte Catherine de Sienne :

Qu'aucune des créatures que ma bonté vous a données comme moyens ne vous empêchent de m'aimer, mais au contraire qu'elles aident, excitent et enflamment votre amour. Si je les ai créées et si je vous les ai données, c'est afin que, puisant en elles une plus large connaissance de mon immense bonté, vous m'aimiez d'un amour plus généreux [89].

Enfin, comme chez les animaux, Dieu a accompagné l'usage des fonctions vitales, telles que l'alimentation et la reproduction, d'un plaisir légitime. A l'origine, par le don d'*intégrité*, l'homme en jouissait, mais il ne recherchait jamais ce plaisir pour lui-même de façon déréglée ; il ne désirait jamais ou n'usait jamais

---
[88] Saint THOMAS d'AQUIN, *Compend. Theol.*, c. 186.
[89] Sainte CATHERINE de SIENNE, *Dialogue sur la perfection*.

des créatures de façon irrationnelle, abusive, excessive. Le désordre de l'intempérance, fort répandu depuis la chute, consiste précisément à user des créatures en se fixant pour but principal, voire exclusif, la volupté.

Le péché originel

Il est clair que cet état originel des hommes n'existe plus. Nous le constatons chaque jour autour de nous, et même en nous. Saint Paul écrit aux Romains :

> *Je prends plaisir à la loi de Dieu, selon l'homme intérieur ; mais je vois dans mes membres une autre loi qui lutte contre la loi de mon esprit (Rm 7, 22).*

Les blessures

Que s'est-il donc passé ? L'Église nous l'enseigne : nos premiers parents ont péché contre Dieu et perdu ainsi l'état de justice originelle. C'est un *dogme*, clairement défini par le Concile de Trente. Le premier homme, après avoir transgressé le commandement de Dieu dans le paradis, a perdu

> *aussitôt la sainteté et la justice dans laquelle il avait été constitué, et par ce péché et cette prévarication, encouru la colère et l'indignation de Dieu, et en conséquence la mort, dont Dieu l'avait auparavant menacé. [...] Adam tout entier a été blessé, selon le corps et selon l'âme.*

Ayant perdu coupablement le don d'intégrité, Adam n'a pu le transmettre à sa descendance. Tout homme qui vient au monde, depuis ce premier péché, est marqué de ce que l'on appelle le *péché originel*. Celui-ci consiste non seulement dans le *désordre* de ses facultés – toutes les puissances de l'âme restent en quelque sorte destituées, privées de leur ordre naturel à la vertu –, mais encore dans une *aversion* native de la volonté vis-à-vis de Dieu. Saint Paul le dit très nettement dans l'épître aux Romains :

> *Par la désobéissance d'un seul homme [Adam], tous ont été constitués pécheurs (Ro 5, 19).*

Et il faut entendre ce mot de pécheur, non pas métaphoriquement, mais dans son sens propre et réel. Le péché transmis n'est pas un péché actuel, personnel, la participation à un acte, mais un *mouvement de révolte* contre Dieu, inscrit dans la *nature*. L'homme naît avec une volonté coupablement privée de la grâce et détournée de Dieu.

Le sacrement de baptême nous lave, certes, de ce péché en nous plongeant mystiquement dans la Passion de Notre-Seigneur Jésus-Christ, mais les blessures de la nature ne sont pas complètement guéries.

> *Il reste, dans les baptisés, la concupiscence ou foyer de convoitise, qui exige le combat spirituel, dit le Concile de Trente. Elle ne peut nuire à ceux qui n'y consentent point, mais qui, par la grâce du Christ, y résistent virilement* [90].

La concupiscence, dit saint Thomas, est « diminuée par la grâce baptismale, en sorte qu'elle ne règne plus en maîtresse » (III, 69, 4, ad 3). Mais elle n'est pas supprimée.

Ces blessures se résument dans la triple concupiscence dont parle l'Apôtre saint Jean : « la concupiscence de la chair, la concupiscence des yeux, et l'orgueil de la vie » (1 Jn 2, 16), c'est-à-dire un attrait déréglé, excessif pour les voluptés charnelles, pour la possession des biens matériels, et un égoïsme effréné. C'est la racine de tous les péchés. C'est un foyer de péché qui reste allumé sous la cendre et qui ne s'éteindra tout à fait qu'à notre mort. De surcroît, ces blessures s'enveniment encore par les péchés que chacun commet personnellement...

L'état de la nature

Il faut bien comprendre, et croire, que, par suite du péché originel, dans l'état actuel de nature corrompue, non seulement l'homme a perdu l'amitié avec Dieu et naît avec une volonté, non pas neutre, mais *détournée* de Dieu, mais encore il n'est plus capable d'accomplir, de façon permanente et universelle, même le bien simplement naturel, en raison précisément du désordre in-

---
[90] Concile de Trente, Session V, Décret sur le péché originel, DS 1515.

troduit dans ses facultés. Contrairement au quasi-dogme de la société moderne naturaliste, qui prétend que l'homme naît bon et qu'il se suffit à lui-même pour atteindre sa perfection et son bonheur, l'homme est extrêmement faible pour faire le bien. Saint Thomas enseigne :

> *Dans l'état de nature corrompue, l'homme, pour s'abstenir entièrement du péché, a besoin que la grâce habituelle vienne guérir la nature.*
>
> *Avant que la raison humaine [...] soit réparée par la grâce sanctifiante, elle peut éviter chaque péché mortel pris en particulier et pendant un certain temps, car elle n'est pas nécessairement toujours en train de pécher. Mais qu'elle demeure longtemps sans péché mortel, cela n'est pas possible (I-II, 109, 8).*

L'état actuel de l'humanité sans la grâce est donc *dramatique*.

Les sens de l'homme sont inclinés au mal dès sa jeunesse, dit Dieu dans la Genèse (8, 21).

Les Pères de l'Église comparent l'homme déchu à celui de la parabole du bon Samaritain :

> *Un homme descendait de Jérusalem à Jéricho ; il tomba entre les mains des brigands, qui le dépouillèrent, et l'ayant chargé de coups, se retirèrent, le laissant à demi-mort (Lc 10, 30).*

Le bon Samaritain qui vient à son secours et le sauve est Notre-Seigneur Jésus-Christ, qui s'est fait homme, a versé le prix de son sang pour nous tirer de la mort, et nous a confiés à la bonne hôtellerie, ou à l'hôpital, qu'est la sainte Église.

Ce sont des vérités niées par le monde, et pourtant absolument capitales à se rappeler, d'une part pour comprendre l'état de l'humanité, et pour trouver les bons remèdes.

Dangers actuels

Le naturalisme, qui domine la pensée et la vie sociale depuis près de trois siècles, nie le péché originel, ignore le mal et rejette avec véhémence le seul remède : la grâce surnaturelle de Jésus-Christ. Ainsi s'est développé un mode de vie et de penser devenu quasi universel aujourd'hui et qui, loin de favoriser la vertu et le bonheur des peuples, ne fait qu'envenimer les blessures de la nature humaine, que fragiliser les âmes. On pourrait l'appeler la *culture moderne*.

Vous vivez dans cette société. L'influence de cette culture est une difficulté supplémentaire de notre époque, dont il faut vous garder, si vous voulez sauver vos âmes, et surtout si vous voulez atteindre la plénitude de la vie chrétienne. La pollution psychologique, morale et spirituelle dégagée par cette culture est bien plus néfaste que la pollution de la terre et le supposé « réchauffement climatique ».

Quels sont ces dangers particuliers à notre époque ?

L'appétit sans frein de la jouissance

Le premier est la surabondance des moyens de jouissance corporelle. Les progrès agricoles, qui ne sont nullement mauvais en soi, procurent une alimentation abondante, et font oublier tout souvenir de pénurie. La publicité encourage à « se faire plaisir », à jouir de la nourriture. Si l'on rappelle parfois à une certaine modération, pour des motifs de santé, on ne le fait jamais au titre de la vertu, c'est-à-dire en vue de la santé de l'âme, compte tenu des blessures du péché originel. D'autre part, le plaisir vénérien, séparé de son but de procréation, est sans cesse encouragé et favorisé, et cela dès le jeune âge.

La grave conséquence qui en résulte dans les âmes est, d'une part, une hypertrophie de l'appétit sensible – c'est lui qui est le plus profondément blessé par le péché originel –, le déchaînement des passions, des réactions de plus en plus sentimentales, et d'autre part l'affaiblissement de la volonté. Et lorsque la volonté est faible, la capacité d'aimer – je parle du véritable amour humain, l'amour de bienveillance, l'amour qui se nourrit de sacrifice – la capacité d'aimer se réduit, de même que la capacité de compatir et de faire miséricorde...

Il faudrait ajouter que les intelligences sont enténébrées. Saint Thomas explique très clairement pourquoi.

LA VRAIE VIE CHRÉTIENNE, A LA SUITE DE SAINT DOMINIQUE

> *Les vices charnels, c'est-à-dire la gourmandise ou la luxure, consistent dans les plaisirs du toucher, c'est-à-dire de la nourriture et des actes vénériens. Ce sont les délectations les plus violentes entre toutes celles du corps. C'est pourquoi, par de tels vices, l'intention de l'homme s'applique au maximum aux réalités physiques, et par conséquent son activité dans le domaine intelligible s'affaiblit, mais davantage par la luxure que par la gourmandise, dans la mesure où les plaisirs vénériens sont plus violents que ceux de la table. C'est pourquoi la luxure engendre l'aveuglement de l'esprit qui exclut pour ainsi dire totalement la connaissance des biens spirituels ; mais la gourmandise engendre l'hébétude du sens qui rend l'homme faible devant les réalités intelligibles (II-II, 15, 3).*

C'est un danger plus spécifique à notre époque.

Une « culture » des sensations

Deuxième danger actuel : on dit de la culture moderne, qu'elle est une culture de l'image. Nous constatons bien que les hommes, au niveau planétaire même, passent aujourd'hui un temps considérable devant les écrans. J'y ai déjà fait allusion. A cela s'ajoute beaucoup d'heures d'audition de « musique » ; mais dans 90 % des cas, le rythme y domine, laissant une part très, très pauvre à ce qui, dans la musique, s'adresse davantage à l'intelligence, la mélodie.

La conséquence de cette surconsommation d'image et de son est une hypertrophie de l'activité des sens externes et internes, notamment de l'imagination. Cette hypersensibilité coupe l'homme du réel, entrave sa capacité intellectuelle d'attention, de concentration, de réflexion. N'est-ce pas le constat que font partout les enseignants aujourd'hui, y compris dans nos écoles et même dans les séminaires ?

L'énergie de l'âme est limitée. Si l'activité des sens et de l'appétit sensible mobilise ses forces presque en permanence, il est bien évident qu'il reste peu d'énergie pour l'activité proprement humaine de l'esprit. Or, nous avons vu que les blessures du péché originel nous rendaient déjà difficile cette activité supérieure.

Ainsi, ce qu'on appelle la « culture » moderne aggrave-t-elle encore la déshumanisation, l'avilissement de l'homme.

Un orgueil sans mesure

Enfin, un troisième trait de cette « culture », c'est l'exaltation sans mesure de l'homme. Le progrès technique lui donne l'illusion d'une puissance quasi illimitée sur la nature. Pensons au transhumanisme, à l'intelligence artificielle, aux manipulations du génome, etc. Parallèlement, est gommée toute hiérarchie, dans la famille, à l'école, et toute différence. La contrainte est regardée comme néfaste, l'obéissance comme dépassée. Cet environnement social fomente l'orgueil, envenime cette blessure de l'âme, la plus difficile à guérir, celle qui s'oppose le plus à la vertu de justice et notamment à la vertu de religion. L'orgueilleux éprouvera une profonde répugnance à se soumettre à Dieu, par la foi, l'espérance et la charité.

L'ascèse chrétienne

Après ce panorama de l'état actuel de la nature humaine, particulièrement dans nos pays, je pense que vous comprendrez que l'épanouissement d'une vie humaine digne de ce nom et, a fortiori, de la vraie vie chrétienne que nous avons exposée depuis le début du carême, est confronté à des obstacles importants. La vie de foi, d'espérance et de charité, la vie d'amitié avec Dieu, suppose essentiellement la grâce surnaturelle, avons-nous dit. Cependant, elle ne saurait s'épanouir sans un effort du chrétien. Il doit, par l'ascèse, ôter les obstacles. Nous sommes appelés au combat spirituel !

Mais celle-ci s'impose pour d'autres motifs que je voudrais d'abord exposer, avant de dire en quoi elle doit consister.

Les motifs de l'ascèse
Les suites de nos péchés personnels

Outre l'effort nécessaire pour retrouver l'harmonie entre les puissances de notre âme, pour sortir de l'esclavage des passions, la mortification s'impose d'abord à cause des suites de nos péchés personnels.

Le péché répété engendre une mauvaise disposition habituelle, ce qu'on appelle un défaut ou, lorsqu'elle est grave, un vice. La médisance répétée, par exemple, non combattue, s'enracine et devient très difficile à déraciner : on finira par dire du mal d'autrui dans toutes ses conversations. Ou encore : la jalousie entretenue peut conduire jusqu'à la haine de ceux qui réussissent mieux que nous.

Il est vrai que le sacrement de pénitence, reçu dans les dispositions requises, c'est-à-dire accompagné d'une vraie contrition et du ferme propos, efface, détruit le péché. Mais il *laisse* certaines dispositions, qu'on appelle les restes du péché (*reliquiæ peccati*), c'est-à-dire un mauvais pli dans les facultés. Ces défauts peuvent devenir des *traits de caractère*. Cette mauvaise inclination, il faut donc la *mortifier*, c'est-à-dire la faire mourir, pour libérer l'âme de cette entrave. Il ne suffit donc pas d'essayer d'éviter le péché quand l'occasion se présente : il faut *mortifier* les mauvais penchants.

D'autre part, il convient de *réparer* nos péchés personnels par la pénitence. Tout péché mérite une peine, comme tout acte inspiré par la charité mérite une récompense. La pénitence sacramentelle ne suffit pas toujours pour cela. Si la peine temporelle due pour réparer le désordre causé par le péché n'est pas soldée sur terre par la pénitence, il faudra la subir au purgatoire ! En quoi consiste cette réparation ? Puisque le péché consiste dans l'abus d'un bien temporel ou d'un plaisir sensible, ou dans l'amour excessif de soi, la réparation doit se faire par un mouvement inverse, c'est-à-dire par la privation d'un bien temporel, d'une satisfaction sensible, ou par une humiliation.

Le combat contre les démons

Deuxièmement, n'oublions pas que nous avons à lutter aussi contre les démons, qui rôdent dans le monde pour la perte des âmes, mais aussi pour corrompre la société.

Nous n'avons pas à lutter contre la chair et le sang, nous prévient saint Paul, *mais contre les princes, contre les puissances, contre les dominateurs de ce monde de ténèbres, contre les esprits mauvais répandus dans l'air (Ep 6, 11-12).*

Or Notre-Seigneur nous a prévenus que certains démons n'étaient « chassés que par la prière et le jeûne » (Mt 17, 20).

L'élévation infinie de notre fin surnaturelle

Troisièmement, Jésus, dans le Sermon sur la Montagne, nous montre la nécessité de la mortification, en insistant sur l'élévation de notre fin surnaturelle.

Si votre justice ne surpasse *celle des Scribes et des Pharisiens, vous n'entrerez pas dans le royaume des cieux (Mt 5, 20).*

Vous donc, soyez parfaits *comme votre Père céleste est parfait (Mt 5, 48).*

La perfection que nous avons à atteindre comme chrétiens dépasse de loin celle d'une honnêteté humaine ordinaire. Nous sommes appelés à voir Dieu comme Il se voit et à l'aimer comme Il s'aime.

Vous n'êtes plus des étrangers, ni des hôtes de passage, s'écrie saint Paul ; *mais vous êtes concitoyens des saints et membres de la famille de Dieu [...], pour former un temple saint dans le Seigneur [...], pour être par l'Esprit-Saint une demeure où Dieu habite (Ep 2, 18-22).*

Noblesse oblige ! Notre Seigneur a versé son Sang pour nous, a institué les sacrements, se donne lui-même en nourriture, pour que nous atteignions la perfection de véritables enfants de Dieu ! C'est très exigeant !

Saint Thomas donne l'exemple suivant :

> La tempérance acquise [naturelle] *demande que dans l'usage des aliments nous suivions la règle de la raison, c'est-à-dire la modération qui évite ce qui nuirait à la santé et à l'exercice de nos facultés supérieures.* La tempérance infuse [surnaturelle] *suit la règle divine et demande que l'homme* « *châtie son corps et le réduise en servitude* » *par l'abstinence et autres moyens semblables (II-II, 68, 4).*

L'union à Notre-Seigneur Jésus-Christ crucifié

Enfin, un motif beaucoup plus profond fonde la mortification du chrétien. Notre-Seigneur nous dit :

> *Si quelqu'un veut venir après moi, qu'il se renonce lui-même, qu'il porte sa croix chaque jour, et me suive (Lc 9, 23).*

La pente de la grâce vers la croix

Pourquoi cette exigence de la part de Notre-Seigneur ? Pour la raison profonde que nous sommes, en tant que chrétiens, membres du Corps mystique dont il est la Tête. Cela signifie qu'au point de vue de la grâce, de la vie surnaturelle, nous sommes UN avec lui. Dans un corps humain physique, les membres prennent part à la vie de la tête, exécutent ce qu'elle commande, vivent en harmonie avec elle. Dans la vie divine de Jésus-Christ, Verbe de Dieu incarné, dans son œuvre de salut, dans sa gloire, nous sommes ses membres. A ce titre, il est logique que nous lui devenions de plus en plus semblables quant à l'âme, puisque c'est par l'âme que nous vivons divinement. Saint Paul écrit :

> *Ceux qu'il aime depuis l'éternité, il les a prédestinés pour être conformes à l'image de son Fils (Ro 8, 29).*

De fait, nous sommes sauvés par notre conformité au Verbe incarné : par l'observation de ses commandements, mais aussi... *par la ressemblance de sa passion*. En attendant la résurrection des corps à la fin des temps, les douleurs, les peines de cette vie et la mort même nous rendent conformes au Christ et servent à sa gloire.

Comment sommes-nous lavés du péché originel et sanctifiés ? Par la *grâce* qui a été méritée, conquise par le sang du Christ répandu sur la *Croix*. En son incarnation, il a reçu dans son humanité une grâce qu'on appelle capitale, celle qui faisait de lui le chef du Corps mystique. Cette grâce capitale le portait à souffrir sa Passion pour le salut des hommes, en vue de satisfaire à la justice de Dieu pour les péchés de ses membres. Jésus aspirait donc à souffrir sur la Croix depuis le jour de son incarnation dans le sein de Notre-Dame. Il l'a dit souvent dans l'Évangile :

J'ai à recevoir un baptême, et comme je suis dans l'angoisse jusqu'à ce qu'il soit accompli ! (Lc 12, 50)

Je donne ma vie pour mes brebis. Personne ne me la ravit, mais je la donne de moi-même (Jn 10, 15 & 18).

Or, étant donné que nous recevons la grâce du Christ, elle produit le même effet en nous : elle nous conduit à la croix,

afin que le Corps mystique ne paraisse point un tout entièrement monstrueux en l'ordre de la grâce, où l'esprit de Jésus serait contraire à lui-même, tout autre dans les membres que dans le Chef[91].

Il est normal que les membres ressentent les dispositions et les affections de la tête.

On pourrait comparer cette propriété de la grâce divine que nous recevons avec celles des eaux thermales.

Comme les eaux des fontaines qui ont passé par certains minéraux en retiennent encore les qualités ou les propriétés en leurs sources et produisent des effets semblables dedans les personnes qui les boivent ou qui les touchent, ainsi, parce que la grâce découle de l'âme de Jésus comme de sa source originaire où elle produit un poids qui regarde la fin pour laquelle il s'est fait homme, c'est une nécessité qu'elle se ressente de cette disposition en ceux qui sont faits dignes d'y participer[92].

---

[91] Père Louis CHARDON O.P., *La Croix de Jésus*, Paris, Cerf, 1937, 1er entretien, ch. 17, p. 127.
[92] Père Louis CHARDON O.P., *La Croix de Jésus*, Paris, Cerf, 1937, 1er entretien, ch. 17, p. 127.

LA VRAIE VIE CHRÉTIENNE, A LA SUITE DE SAINT DOMINIQUE

C'est pourquoi le chrétien rencontre nécessairement la croix dans sa vie, et cela d'autant plus qu'il se rapproche de son Maître et vit davantage de sa vie.

Les espèces de croix

On peut distinguer deux sortes de croix : celles que Dieu permet, celles que le chrétien assume de sa propre initiative.

Les croix de providence

Il est rare qu'une âme ait le courage de consentir tous les renoncements nécessaires, jusqu'à arracher la dernière racine des vices : nous avons trop pitié de la nature ! Alors Notre Seigneur, par amour pour nous, pour nous accueillir le plus vite possible dans son paradis après notre mort, suscite ou permet dans notre vie des *épreuves* : un échec, une maladie, un deuil, un revers de fortune... Il faut souvent l'épreuve pour nous convertir, pour nous faire prendre conscience du sérieux de notre existence, de notre salut. « Celui qui n'a pas été éprouvé sait peu de choses » (Si 34, 10). Loin d'être un obstacle, la croix est un moyen de grandir dans la vie divine, parce qu'elle purifie l'âme de son amour propre.

Les croix volontaires

Les saints le comprennent profondément. Mieux : leur amour pour Jésus-Christ les porte à vouloir lui ressembler par la croix. N'est-ce pas une caractéristique de l'amour ? Celui qui aime veut unir son âme à celle de son ami. Or Notre-Seigneur aspirait à la Croix, pour rendre gloire à son Père et pour sauver les âmes. Les âmes saintes aspirent donc à participer elles aussi à la Rédemption par le mérite de leurs souffrances, à être configurées à Jésus crucifié. Ainsi saint Dominique, par exemple. Frère Étienne raconte :

> *Dans les tribulations, il était patient et même joyeux. Comment le témoin le sait-il ? Il l'a vu, dans les nécessités et indigences qui le pressaient à l'époque, lui et ses frères, entrer dans une joie débordante* [93].

---

[93] Déposition de Frère ÉTIENNE au procès de canonisation de Bologne, juillet 1233.

Frère Paul de Venise rapporte, quant à lui, qu'il *n'a jamais vu maître Dominique manifester de la colère, de l'émotion ou du trouble, ni par la suite de la fatigue du voyage* [toujours à pied], *ni dans le feu de quelque passion, ni dans aucune autre circonstance ; il l'a vu bien plutôt joyeux dans les tribulations et patient dans les adversités* [94].

L'amour se prouve par le sacrifice volontaire ; « le feu de l'amour divin s'embrase par le sacrifice » [95]. Voilà ce que les saints comprennent !

Les œuvres de mortification

La mortification doit donc nécessairement accompagner la grâce que nous recevons par la prière et les sacrements. Sans mortification, l'influence de la grâce reste entravée et le chrétien ne doit pas espérer pouvoir pratiquer une vraie vie chrétienne. Comprenons bien que les créatures créées par Dieu pour l'homme ne sont pas mauvaises considérées en elles-mêmes, mais que nous ne pouvons plus en user sans prendre garde, à cause des blessures qui affectent notre âme. Saint Augustin explique :

> *Tout ce qui est dans le monde, Dieu l'a fait.* [...] *Mais malheur à toi si tu aimes les créatures au point d'abandonner le Créateur.* [...] *Dieu ne t'interdit pas d'aimer ces choses, mais il t'interdit de les aimer au point d'y chercher ta béatitude ; tu dois les louer et estimer en sorte d'aimer le Créateur.* [...] *Dieu t'a donné ces choses, aime celui qui les a faites* [96].

Il serait fort long et fastidieux d'exposer toutes les œuvres de pénitence chrétienne. Je voudrais me cantonner à certaines qui me semblent plus importantes aujourd'hui, du fait de la culture moderne que j'ai évoquée plus haut.

---

[94] Déposition de Frère PAUL DE VENISE au procès de canonisation de Bologne, juillet 1233.
[95] Père Maximilien KOLBE, *Entretiens spirituels inédits*, Paris, Lethielleux, 1974, p. 124.
[96] Saint AUGUSTIN, *Deuxième sermon sur la Première épître de saint Jean*, n. 11, PL 35, 1995.

Tempérance dans l'alimentation

Pour lutter contre l'attache excessive aux plaisirs de la nourriture et pour réparer les excès en ce domaine, l'Église encourage *le jeûne et l'abstinence*. C'est une mortification fort efficace et méritoire et qui n'excède pas la capacité de la plupart. Elle est particulièrement efficace pour vaincre les tentations d'impureté. Mais ceux qui sont encore bien éloignés de la vertu de tempérance peuvent commencer, par exemple, en cessant de manger sans cesse entre les repas et en prenant leurs repas à heures fixes. En carême particulièrement, efforcez-vous de manger des mets moins délicats, moins recherchés, par exemple en ne prenant que des fruits au dessert, en vous contentant de boire de l'eau, que sais-je ?

Saint Dominique, nous dit un témoin, *était dans les repas d'une austère sobriété, délaissait les plats et se contentait de pain et de vin, à moins que par égard pour les frères et ceux qui étaient à table avec lui, il ne condescendît à goûter quelque peu aux suppléments qu'on leur servait. Mais il voulait que les autres fussent abondamment pourvus de tout, dans la mesure où le permettaient les circonstances et les ressources de la maison* [97].

Sainte Thérèse de l'Enfant-Jésus, quant à elle, conseillait à ses novices de ne pas faire de mélanges dans la nourriture pour la rendre plus agréable, de terminer son repas par une bouchée de pain sec, etc.

Tous ces riens, disait-elle, *ne nuisent pas à la santé, ils ne nous font pas remarquer et ils maintiennent notre âme dans un état surnaturel de ferveur.*

Mortification corporelle

Deuxièmement, pour échapper à l'impureté qui envahit la société, avilit les corps et enténèbre les esprits, il convient de ne pas céder à l'appétit du confort. D'une part dans le choix du cadre de vie, en évitant, par exemple, le mobilier qu'on pourrait

---

[97] Déposition de Guillaume PEYRE, abbé de Saint-Paul de Narbonne, au procès de Toulouse, en 1233.

dire « ramollissant », ces fauteuils qui ne permettent que de s'avachir, ces lits trop mous. Un peu d'austérité ne fait pas de mal. De même, en modérant la température du chauffage ou de l'eau pour la toilette. Tous ces efforts se faisaient autrefois spontanément, car le cadre de vie n'offrait pas le confort actuel. Les châteaux royaux du Grand siècle sont somptueusement décorés, mais ne sont guère confortables !

Saint Dominique était un athlète dans la mortification du coucher, bien qu'il n'exigeât pas de tous les frères une semblable rigueur en tout.

> *Il couchait toujours la nuit avec les habits mêmes qu'il portait le jour, sauf qu'il enlevait ses souliers. Il dormait tantôt par terre* [il a voulu, du reste, mourir par terre couché sur de la cendre], *tantôt sur une claie au-dessus de laquelle on avait pris l'habitude d'étendre un morceau d'étoffe : c'est là qu'il reposait ; très souvent aussi il dormait assis* [98].

Une mortification corporelle plus abordable, dans le même ordre, consiste à se fixer une heure habituelle de lever et surtout de coucher, à laquelle on se tient. Au réveil, un chrétien ne devrait pas s'attarder au lit. Par ces habitudes, qui ne sont rien d'autres que nos coutumes chrétiennes ancestrales, le corps et la volonté acquièrent une discipline salutaire.

Enfin, remettons en honneur, sans respect humain, la chasteté et la pudeur. La chasteté, la belle vertu, garde le cœur pur, grand et ardent pour aimer ce qui mérite de l'être, ce qui est noble et grand. Elle protège encore la clarté supérieure de l'esprit, l'acuité intellectuelle, mais aussi la force d'âme. Que les jeunes gens et les jeunes filles restent réservés dans leurs fréquentations, veillent sur leur tenue et leurs regards. Qu'ils soient jaloux de leur honneur d'homme et de chrétien ! Qu'ils ne bafouent pas les promesses de leur baptême !

> *Le corps n'est pas pour l'impudicité,* dit saint Paul ; *il est pour le Seigneur.* [...] *Ne savez-vous pas que votre corps est le temple du*

---

[98] Déposition de Frère RODOLPHE au procès de canonisation de Bologne, juillet 1233.

Saint-Esprit qui est en vous, que vous avez reçu de Dieu, et que vous n'êtes plus à vous-mêmes ? Car vous avez été rachetés à grand prix ! (1 Co 6, 13, 19)

Saint Dominique resta vierge jusqu'à sa mort. Il avouait pourtant à sa mort cette imperfection, « de trouver plus d'attrait à la conversation des jeunes filles qu'aux discours des vieilles femmes [99] ».

Comme il est avilissant de détourner la puissance corporelle d'engendrer, de multiplier la vie humaine dans le monde, pour ne rechercher qu'une volupté égoïste et stérile !

Mortification de la sensibilité

Troisièmement, il faut réagir contre l'abus des images, qui enferment l'homme dans son imagination, dans ses rêveries, le coupent de la vie réelle, peuvent conduire à une hypersensibilité grandement néfaste pour l'intelligence. Je vous ai déjà mis en garde contre la menace que constituent actuellement les smartphones, les vidéos et les jeux vidéo. Ils menacent très sérieusement l'avenir de l'intelligence à moyen ou long terme. Les ravages déjà constatés par les enseignants, les psychologues et les médecins ne laissent place à aucun doute. Il faut exclure ces écrans de votre vie, autant que cela est possible.

L'imagination est une faculté bonne et utile, dans la mesure où elle sert comme de départ à l'activité intellectuelle. Celle-ci abstrait, en effet, ses concepts à partir des élaborations de la puissance imaginative. Encore faut-il qu'il lui reste une place, que l'activité sensitive n'épuise pas la meilleure part de l'énergie de l'âme !

Mais on ne supprime bien que ce qu'on remplace. Chacun a besoin de détente, de loisirs, spécialement les enfants. Remplacez les médias, les écrans, par la pratique des beaux-arts, de la musique, de l'artisanat, par le soin d'un jardin ou de plantes, ou encore par les jeux de société. En tout cela, l'intelligence tient

---

[99] Bienheureux JOURDAIN de SAXE O.P., *Libellus de initiis Ordinis Fratrum Prædicatorum*, n° 92.

une bonne place. Ce sont donc des activités bénéfiques, qui enrichissent l'âme, épanouissent la personnalité. Encore faut-il faire l'effort de *renoncer* aux médias et autres distractions que j'ai mentionnées, tellement faciles à mettre en œuvre, tellement attirants pour la sensibilité blessée. C'est aujourd'hui une ascèse capitale, non seulement pour chacun, mais pour le bien commun de notre peuple. Ceux qui seront atteints d'hypersensibilité se révéleront peu capables de remplir des fonctions ou des emplois importants dans la société, et risquent fort de transmettre à leurs descendants une nature humaine affaiblie.

Obéissance

Un quatrième axe de mortification à assumer, c'est l'obéissance. L'obéissance a mauvaise presse ! On la considère comme un avilissement, comme un signe de faiblesse. Et l'usage de l'autorité est regardé comme un abus de pouvoir, comme une tyrannie. L'homme ne tolère plus que ce succédané édulcoré qu'on appelle le « consensus ». Avez-vous remarqué comment la plupart des autorités ne donnent plus d'ordre sans ajouter une explication pour obtenir l'assentiment ? Par exemple : « Pour votre sécurité », faites ceci, ne faites pas cela... L'obéissance est méprisée...

Pourtant, la soumission volontaire à une autorité qui tient la place de Dieu, qui a la charge du bien commun, qui a mission pour nous conduire vers le bien, l'obéissance volontaire est un acte de force et d'intelligence. Elle fait renoncer énergiquement à cet appétit d'indépendance absolue, inspiré par l'orgueil. Elle suppose la compréhension réaliste de notre insuffisance. Personne ne peut tout savoir ; personne ne peut se diriger droitement en tout domaine. La responsabilité doit être partagée selon les compétences. C'est cela aussi une société. La pratique de l'obéissance, la remise de sa direction dans les mains d'autrui, est une ascèse fort bénéfique qui abat « l'orgueil de la vie », cette troisième concupiscence tellement développée en nous, surtout à notre époque, et tellement opposée à l'amour de Dieu. Celui qui ne sait pas, qui ne veut pas obéir, lorsque c'est légitime, bien sûr, ne pourra jamais entrer de plain-pied dans l'amitié de Dieu.

Apprenons donc à obéir ! A ceux auxquels nous sommes soumis par notre état, en famille, dans le domaine civil et professionnel. Mais aussi aux événements qui surviennent, sur lesquels nous n'avons pas prise, qui sont donc voulus par la divine Providence, et que Dieu veut faire tourner à notre bien spirituel, par sa toute-puissance.

Porter sa croix

Enfin, une mortification toute simple, mais non sans mérite, consiste à porter de bon cœur les croix de notre vie. Nous entrons dans le temps de la Passion. Unissons-nous à notre Sauveur en portant notre croix. Lorsque sainte Jeanne d'Arc était captive, ses « voix » ne cessaient de lui répéter : « Prends tout à gré. »

Souffrir avec patience est plus grand que de ressusciter les morts ou de faire d'autres miracles, n'hésite pas à affirmer saint Grégoire le Grand[100].

Comment faire ? En effet, le propre de la croix est d'être mêlée d'amertume, de tristesse, de faiblesse, voire de découragement. N'en soyons pas surpris. Sainte Thérèse de l'Enfant-Jésus écrit :

Souffrons, s'il le faut, sans courage. Jésus a bien souffert avec tristesse. Sans tristesse est-ce que l'âme souffrirait ? Et nous voudrions souffrir généreusement, grandement. Quelle illusion ![101]

Et le père Maximilien Kolbe dans le même sens :

Dans la vie, il ne s'agit pas d'aimer la croix pour la croix – le chrétien n'est pas masochiste ! – il ne s'agit pas de ne pas ressentir de douleur, mais de dire à l'exemple de Jésus : « Non pas ma volonté, mais la vôtre... »

Ne nous inquiétons pas outre mesure, dans l'épreuve, de ressentir la répugnance de la nature, de ne pas éprouver d'amour de Dieu, car la charité siège dans la volonté, non dans la sensibilité. Le père de Foucault écrivait quelques heures avant sa mort :

---
[100] Saint GRÉGOIRE le GRAND, *Dialogue*, I, ch. 2, PL 77, 161.
[101] Sainte THÉRÈSE DE L'ENFANT-JÉSUS DE LA SAINTE-FACE, *Lettre 89*.

> Quand on peut souffrir et aimer, on peut beaucoup, on peut le plus qu'on puisse en ce monde : on sent qu'on souffre, on ne sent pas toujours qu'on aime, et c'est une grande souffrance de plus ; mais on sait qu'on voudrait aimer, et vouloir aimer, c'est aimer [102].

Alors, si nous finissons pas comprendre ce mystère de la croix, elle deviendra un moyen très prochain pour nous élever à la vraie vie chrétienne, et donc à la joie de l'amitié avec Dieu. C'était la joie habituelle de saint Dominique. Cette joie essentiellement surnaturelle, fruit de l'oblation, se fonde dans la foi, non dans le sentiment. Sainte Thérèse l'explique ainsi à l'une de ses sœurs :

> Si vous désirez sentir de la joie, avoir de l'attrait pour la souffrance, c'est donc votre consolation que vous cherchez : puisque, lorsqu'on aime une chose, la peine disparaît [103].

> [Quant à moi], je ne trouve qu'une joie, celle de souffrir pour Jésus : et cette joie non sentie est au-dessus de toute joie [104].

Conclusion

La mortification chrétienne ne suscite guère d'enthousiasme ; on la fuit, on la juge ridicule, parce qu'elle est très mal comprise. Qui veut la fin veut les moyens. Qui veut posséder Dieu doit le vouloir dans le concret. « Celui qui t'a créé sans toi, ne te sauvera pas sans toi », dit saint Augustin. La mortification pratiquée avec régularité – c'est le bien propre de la vie chrétienne telle qu'elle fut vécue pendant des siècles dans les coutumes de l'Occident chrétien – la mortification habituelle produit ses fruits : elle libère les âmes de l'esclavage des passions, leur permet de s'élever à une connaissance et un amour intime de Dieu, dès cette vie.

D'autre part, à l'heure du « Grand Reset », si nous voulons que Dieu nous délivre des calamités sociales qui s'abattent sur notre pays, une conversion en profondeur du peuple chrétien s'impose. Toute la liturgie du carême nous le répète et nous y invite. Il faut sérieusement choisir : soit entrer dans la plénitude de la vie chré-

---
[102] Charles de FOUCAULT, Lettre du 4 décembre 1912.
[103] Sainte THÉRÈSE DE L'ENFANT-JÉSUS, Lettre VI à Sœur Marie du Sacré-Cœur.
[104] Sainte THÉRÈSE DE L'ENFANT-JÉSUS, Lettre V à Céline.

tienne, soit se laisser peu à peu entraîner dans le torrent qui conduit à la mort.

Demandons à la très sainte Vierge Marie, à Notre-Dame de Compassion, de nous former virilement dans cet esprit. Elle fut la première, elle immaculée, à s'unir à la Passion de notre Sauveur, pour sauver les hommes.

> *Quand vint pour Jésus*, écrit saint Pie X [105], *l'heure suprême, on vit la Vierge debout auprès de la croix, saisie sans doute par l'horreur du spectacle, heureuse pourtant de ce que son Fils s'immolait pour le salut du genre humain, et, d'ailleurs, participant tellement à ses douleurs que de prendre sur elle les tourments qu'il endurait lui eût paru, si la chose eût été possible, infiniment préférable* [106].

---
[105] Saint PIE X, encyclique *Ad diem illum lætissimum* du 2 février 1904.
[106] Saint BONAVENTURE, I Sent., d. 48, ad Litt.

6ᵉ conférence
LE RAYONNEMENT
DE LA VIE CHRÉTIENNE

> [SAINT DOMINIQUE] *accueillait tous les hommes dans le vaste sein de sa charité et, puisqu'il aimait tout le monde, tout le monde l'aimait. Il s'était fait une loi personnelle de se réjouir avec les gens joyeux et de pleurer avec ceux qui pleurent, débordant d'affection religieuse et se dévouant tout entier à s'occuper du prochain et à compatir aux gens dans la misère* [107].

La vraie vie chrétienne, que nous essayons de dessiner pendant ce carême, consiste essentiellement dans l'union de l'âme avec Dieu, par l'activité des vertus théologales. Cependant, elle ne saurait se cantonner dans cette vie *intérieure*. Lorsqu'elle est authentique, elle rejaillit, elle rayonne spontanément à *l'extérieur*, dans les relations avec les hommes et le monde. Pourquoi ? Parce qu'elle *conforme* l'homme à *Dieu*. Or, Dieu n'est pas seulement une fournaise ardente d'amour, il est aussi un soleil ! Il prend soin sans cesse de la création et plus particulièrement des hommes. Le rayonnement de charité du chrétien est ainsi un *signe*, un témoignage de la vie de Dieu dans son âme, comme le répète souvent l'Apôtre saint Jean :

> *Si quelqu'un dit : « J'aime Dieu », et qu'il haïsse son frère, c'est un menteur ; comment celui qui n'aime pas son frère qu'il voit,*

---

[107] Bienheureux JOURDAIN de SAXE O. P., *Libellus de principiis Ordinis Fratrum Prædicatorum*, n° 107.

peut-il aimer Dieu qu'il ne voit pas ? Et nous avons reçu de lui ce commandement : « Que celui qui aime Dieu aime aussi son frère » (1 Jn 4, 20-21).

Il nous reste donc à exposer comment la vraie vie chrétienne s'épanouit, se diffuse, dans la charité fraternelle spécialement. De quoi s'agit-il ? Quelle en est la source ? A qui doit-elle s'adresser ? Comment se traduit-elle concrètement ?

Nature de la charité fraternelle

L'inclination foncière de Dieu

Pour saisir la nature profonde de la charité, il faut nous élever à la vie même de Dieu.

Le « Bien est diffusif de soi »

Qu'est-ce qui constitue le fond, l'essentiel de sa vie ? Saint Jean Apôtre répond : « *Deus caritas est* – Dieu est charité » (1 Jn 4, 8). Mais pourquoi donc est-il charité ?

Dieu se définit comme l'être pur, comme « un océan infini de substance »[108], dit saint Jean Damascène. Donc un Bien immense et sans limite. Or, suivant un axiome scolastique, le Bien tend à se répandre (« *Bonum est diffusivum sui* »). Par exemple,

> dans l'ordre physique, le soleil répand autour de lui sa lumière et sa chaleur fécondante ; la plante et l'animal arrivés à leur perfection se reproduisent. Dans l'ordre moral et spirituel, celui qui a la passion du bien, comme le saint, n'a de repos qu'il n'ait suscité chez les autres les mêmes aspirations, le même amour[109].

Si cela est déjà vrai à l'échelon de la créature, qu'en est-il de la Bonté par excellence qu'est Dieu ! C'est pourquoi, la vie de Dieu consiste à se donner, à se répandre ! Cela se réalise d'abord au

---
[108] « *Est totum in seipso comprehendens, velut quoddam pelagus substantiæ infinitum et indeterminatum* » (Saint JEAN DAMASCÈNE, *De fide orth.*, I, 9, PG 94, col. 836 b).
[109] Père Réginald GARRIGOU-LAGRANGE O. P., *Dieu, son existence et sa nature*, Paris, Beauchesne, 1950, p. 432.

sein même de Dieu. Mgr Lefebvre explique dans son *Itinéraire spirituel* :

> *La charité se donne. Ce serait contraire à la charité qu'elle se retienne, car elle est exactement le contraire de l'égoïsme. Elle tend à donner ce qu'elle a, ce qu'elle est. Si précisément c'est cela, la charité, et que Dieu est charité, dans une certaine mesure, on comprend mieux que Dieu ait engendré le Fils et que du Père et du Fils procède le Saint-Esprit* [110].

La tendance de Dieu à se communiquer s'est réalisée aussi à l'extérieur de lui-même par la création, mais cette fois de façon absolument gratuite, « non pas pour augmenter sa béatitude ni pour acquérir sa pleine perfection, précise le 1er concile du Vatican, mais pour *manifester* ses perfections par les biens qu'il accorde à ses créatures » [111]. Enfin, après l'horrible ingratitude de la transgression d'Adam, cette inclination, pour ainsi dire invincible de Dieu à rayonner sa bonté, l'a encore porté à vouloir miséricordieusement sauver les hommes par l'Incarnation de son Fils unique, qui devait payer le prix sanglant de leur rédemption.

> *Ce goût de donner, cette joie de donner, c'est l'un des plus beaux traits de la physionomie de notre Père. C'est aussi la marque certaine de sa perfection. Celui qui aime donner et se donner, et à proportion qu'il en a le goût, prouve sa perfection, fait acte de parfait* [112].

Une nouvelle naissance

Ainsi Dieu est amour, manifestation et don d'amour. Or, un principe important de philosophie énonce que « tout agent agit semblablement à ce qu'il est – *Omne agens agit sibi simile* ». Autrement dit, quand quelque chose ou quelqu'un agit, ils *laissent une trace d'eux-mêmes* dans l'effet qu'ils produisent. Si vous écrivez avec une plume, avec une craie ou avec un pinceau, ces trois

---

[110] Mgr Marcel LEFEBVRE, *Le Mystère de Jésus*, Bitche, Clovis, 1995, p. 70-71.
[111] Concile Vatican I, Constitution dogmatique *Dei Filius* du 24 avril 1870, ch. 1, DS 3002.
[112] A. LEMONNYER O.P., *A l'exemple de notre Père*, Lille, Desclée de Brouwer, 1926. p. 54.

instruments laissent une trace particulière d'eux-mêmes, mais, également, vous-mêmes laissez une trace caractéristique : c'est *votre* écriture. C'est pourquoi celui qui observe les créatures avec intelligence peut reconnaître l'empreinte de Dieu : elles ont, elles aussi, tendance à diffuser leur perfection. Les vivants notamment se communiquent par la génération.

Mais lorsque Dieu engendre des enfants selon la grâce, lorsqu'il régénère un homme par le baptême, il transmet à cette âme cette charité, qui caractérise sa nature. L'enfant de Dieu est donc, si j'ose dire, « naturellement » aimant. « Quiconque aime [sous-entendu *de charité*] est né de Dieu », dit Notre-Seigneur (Jn 13, 35). Et les fils de Dieu sont enclins, par la grâce, à aimer non seulement Dieu, mais encore leur prochain. Comme nous le verrons, ce double amour est même le signe que notre régénération est authentique et pleinement assumée.

Le double objet de la charité

Ainsi l'unique vertu de charité s'étend-elle à deux objets, Dieu et le prochain. Notre-Seigneur affirme à plusieurs reprises dans l'Évangile que la charité fraternelle est *de même nature* que la charité qui anime nos relations avec Dieu. Un Docteur de la Loi lui demande :

> « *Maître, quel est le plus grand commandement de la Loi ?* » *Jésus lui dit :* « *Tu aimeras le Seigneur ton Dieu de tout ton cœur, de toute ton âme et de tout ton esprit. C'est là le plus grand et le premier commandement. Le second lui est semblable* [ou « *égal* »] *: Tu aimeras ton prochain comme toi-même.* » *(Mt 22, 37-39)*

Jean-Jacques Olier, le célèbre fondateur des séminaires en France au XVIIe siècle, explique la raison de ce double commandement :

> *Comme Dieu s'aime soi-même par tout ce qu'il est et dans toute l'étendue de ce qu'il est et de ce qu'il peut, en sorte qu'il ne peut s'aimer davantage, aussi il donne à l'homme un commande-*

ment exprès de l'aimer de tout son cœur, de toute son âme, de tout son esprit et de toutes ses forces [113].

Mais Dieu a formé aussi la *société humaine* sur le modèle de la société éternelle des Trois : au sein de la Trinité, chacune des trois Personnes aime les deux autres comme elle-même.

De là vient qu'il lui a donné [à l'homme] ce second commandement : « Vous aimerez votre prochain comme vous-même », que Jésus-Christ dit être semblable au premier, parce qu'il est conforme à la vie divine et éternelle des Personnes de la très Sainte Trinité [114].

Le motif formel de la charité fraternelle

Saint Thomas d'Aquin va nous permettre de préciser le motif formel, la raison profonde du commandement de l'amour du prochain :

La raison d'aimer le prochain est Dieu : ce que nous devons aimer dans le prochain, c'est qu'il soit en Dieu (II-II, 25, 1).

Et il précise :

Quiconque aime quelqu'un doit, en conséquence, aimer ceux qu'il aime et ceux qui lui sont unis. Or les hommes sont aimés de Dieu, qui leur a préparé comme fin dernière de jouir de lui. Qui devient donc l'ami de Dieu doit devenir l'ami du prochain [115].

Ainsi nous aimons le prochain à cause de Dieu, parce qu'il est aimé de Dieu et est ordonné à Dieu comme nous autres. Le prochain, quel qu'il soit, saint ou pécheur, fidèle ou païen, est un bien de Dieu. Dieu l'a créé pour répandre en lui, en cette vie, une participation de son être, de ses perfections, de sa vie de connaissance et d'amour ; pour l'unir à lui dans l'éternité dans sa béatitude. Le Seigneur Jésus-Christ s'est incarné, a versé tout son sang dans sa Passion douloureuse pour le racheter, le rendre de nouveau apte à recevoir la miséricorde infinie. Le prochain est un

---
[113] Jean-Jacques OLIER, *Introduction à la vie et aux vertus chrétiennes*, Paris, Jacques Langlois, 1657, ch. 14.
[114] ID, *ibid.*
[115] Saint THOMAS D'AQUIN, *Contra Gentiles*, III, 117.

bien de Dieu. Chacun, considérant son prochain comme enfant du Père commun – ou au moins, comme appelé à le devenir –, doit le chérir comme son frère. Comment pouvons-nous aimer Dieu, si nous sommes indifférents à son bien, à ce qui lui appartient ; ou, pire, si agissant pour le mal du prochain, nous dépouillons Dieu de son bien ? Le chrétien ne saurait non plus se contenter de *supporter* patiemment le prochain. Il est appelé à l'aimer sincèrement, malgré ses défauts. Voilà ce que le Seigneur attend de nous.

Il s'agit donc d'un amour *théologal*, aucunement d'un amour purement *naturel*, qui serait motivé par le fait que le prochain nous plaît, qu'il est bon pour nous, ou à cause de ses qualités... En cela, nous ne ferions rien de plus que les Païens et les Pharisiens. Et même, les qualités surnaturelles du prochain doivent nous porter à l'aimer, non en tant qu'elles sont *ses* qualités, mais en tant qu'elles sont des participations de la bonté de Dieu, que nous aimons dans ces qualités comme le prototype dans l'image [116].

Spécificité de l'amour de charité

Vous avez bien compris : la charité est un amour tout à fait *spécifique*.

Un amour surnaturel

Il est intéressant de remarquer que le Nouveau Testament utilise, en grec, un terme particulier pour l'exprimer [117]. A partir du

---

[116] Réginald GARRIGOU-LAGRANGE O. P., *De virtutibus theologicis*, Turin, Marietti, 1949, p. 431 sq.
[117] La langue grecque classique, plus riche que nos langues modernes, comporte quatre termes pour exprimer l'amour. Les deux premiers, ἐράω et στέργω, désignent un amour respectivement passionné ou bien résultant d'une proximité naturelle et mêlé de tendresse ; le troisième, φιλέω, a le sens le plus large. C'est un amour qui demeure sous le contrôle de la raison, le plus souvent vertueux. Ce dernier verbe aurait pu être étendu aux relations du chrétien avec Dieu, mais il évoquait trop une stricte conformité à la nature. Voir : Ceslas SPICQ O. P., *Agapè, Prolégomènes a une étude de théologie néo-testamentaire*, Louvain, 1955, Publications Universitaires de

verbe ἀγαπάω, qui désigne un amour bienveillant, cordial, libéral et impliquant presque toujours estime et respect, conscient des qualités de l'être aimé, un amour de noblesse, les Apôtres ont forgé un substantif nouveau, ἀγάπη, pour désigner spécifiquement la charité surnaturelle, qui n'est qu'analogiquement semblable aux amours naturels. Ce terme exprime les nuances suivantes :
- un amour *propre à Dieu* et à ceux auxquels il en fait don ;
- un profond *attachement* autant qu'une haute *estime* de celui qu'on aime ;
- un amour auquel il est essentiel de se *manifester* ;
- un amour *qui s'étend sans limites* à des personnes éventuellement fort disproportionnées [118].

Il faudrait ajouter, comme nous l'avons déjà vu il y a quelques semaines, que c'est un amour *désintéressé*, de pure bienveillance, un don de soi.

C'est d'un amour de cette espèce particulière que Dieu nous a aimés, en sacrifiant son Fils unique dans les circonstances si douloureuses de la Passion, pour nous mériter la vie éternelle. C'est encore du même amour que les chrétiens doivent aimer surnaturellement Dieu de retour, et leur prochain à cause de Dieu.

Le nouveau commandement

Le commandement de la charité fraternelle figurait déjà dans l'ancienne Loi. Mais Notre-Seigneur l'a conduit à sa perfection. D'abord, il s'étend désormais à tous les hommes, même aux ennemis. Ensuite, sa mesure est plus haute : il demande de reproduire l'exemple de Jésus lui-même :

Aimez-vous les uns les autres, comme je vous ai aimés (Jn 15, 12)

Louvain.
[118] Voir Ceslas SPICQ O.P., *L'Amour de Dieu révélé aux hommes*, Paris, Éditions du feu nouveau, 1978.

Nouvelle extension

La perfection demande donc d'exercer la charité fraternelle à l'égard de *tous*. Saint Dominique a laissé à ses contemporains un souvenir inoubliable à cet égard :

> *Il se montrait aimable à tous, aux riches, aux pauvres, aux juifs et aux infidèles qui sont nombreux en Espagne et, le témoin l'a vu, il était aimé de tous, excepté des hérétiques et des ennemis de l'Église qu'il poursuivait et convainquait par ses controverses et ses prédications. Mais le frère a été également témoin et a entendu parler de la charité avec laquelle, même à ces derniers, il prodiguait les exhortations et les avis pour exciter leur repentir et les ramener à la foi* [119].

Aimer tous les hommes

La charité chrétienne doit ainsi s'adresser à *tous les hommes*. A la question d'un docteur de la Loi, « Qui est mon prochain ? », Notre-Seigneur a répondu par la parabole du Bon samaritain, que vous connaissez (Lc 10, 29). Désormais, *tout homme* qui se présente à nous est un prochain que Dieu nous demande d'aimer. Le Christ a fait tomber les barrières du particularisme religieux ou national :

> *Il n'y a plus ni Juif ni Grec ; il n'y a plus ni esclave ni homme libre ; il n'y a plus ni homme ni femme : car vous n'êtes tous qu'un dans le Christ Jésus (Ga 3, 28).*

Cela n'exclut cependant pas un *ordre de la charité* à observer. Saint Thomas l'enseigne clairement [120]. La diversité de la charité, *quant à son espèce*, se considère selon la proximité du prochain par rapport à Dieu : nous devons *vouloir* un bien plus grand à celui qui en est plus proche. Mais *quant à son intensité*, l'amour de charité dépend de notre relation à la personne. A celui qui nous est plus lié par les liens de famille, puis de voisinage, de nation, on ne voudra peut-être pas un plus grand bien, mais on le lui

---
[119] Déposition de Frère JEAN D'ESPAGNE au procès de canonisation de Bologne, juillet 1233.
[120] Saint THOMAS D'AQUIN, *Somme théologique*, II-II, 26, 7.

voudra d'un mouvement affectif plus intense. Vous voyez comme cette doctrine est équilibrée !

Aimer ses ennemis

Ensuite, Jésus prescrit comme regardant la perfection de la charité, l'amour des ennemis. Chez les Anciens, la justice consistait à faire du bien à ses amis et du mal à ses ennemis. On rencontre cela chez les auteurs les plus célèbres de l'Antiquité classique, par exemple, chez Platon, Xénophon, Cicéron, Sophocle, etc. Se réjouir du mal des ennemis était pour eux quelque chose qui allait de soi. Chez les Hébreux, la Loi de Moïse n'exigeait de même que l'amour à l'égard des membres du peuple juif. Il ne fallait se préoccuper des païens habitant au-delà des frontières que pour se garder de leur idolâtrie.

Le Seigneur demande bien davantage dans le Sermon sur la Montagne :

> *Vous avez appris qu'il a été dit : Tu aimeras ton proche, et tu haïras ton ennemi (Mt 5, 43).*
>
> *Et moi je vous dis : Aimez vos ennemis et priez pour ceux qui vous persécutent, afin que vous deveniez enfants de votre Père qui est dans les cieux. [...] Si en effet vous aimez ceux qui vous aiment, quelle récompense méritez-vous ? Les publicains eux-mêmes n'en font-ils pas autant ? Et si vous ne saluez que vos frères, que faites-vous d'extraordinaire ? Les païens eux-mêmes n'en font-ils pas autant ? (Mt 5, 44-47).*

Ces paroles étaient sans précédent ! Mais comment aimer un ennemi ou tout simplement une personne hostile qui nous veut ou nous fait du tort ? Cela semble très difficile, voire impossible... Ce que Dieu attend de nous, ce n'est pas d'aimer l'ennemi en tant que tel. Saint Augustin nous l'explique :

> *Aimez tous les hommes, même vos ennemis, non parce qu'ils sont vos frères, mais afin qu'ils le soient. [...] Partout où vous aimez un frère dans le Christ, vous aimez un ami. [...] Si vous aimez*

quelqu'un qui ne croit pas encore au Christ, il n'est pas encore votre frère, mais vous l'aimez afin qu'il le devienne [121].

L'amour des ennemis est nécessaire à la charité, en ce sens que celui qui aime Dieu et le prochain ne doit pas exclure ses ennemis de son amour universel, précise saint Thomas (II-II, 25, 8).

D'autre part, aimer ses ennemis ne signifie en aucune façon aimer ses erreurs ou tolérer ses péchés. Cela, c'est la manière *moderne*, *libérale*, d'aimer ses ennemis ; c'est une falsification de la vraie charité. Ce n'est plus chercher le vrai bien du prochain ; ce n'est plus l'aimer comme Dieu l'aime. L'amour des ennemis nous demande de les aider à devenir meilleurs, ce qui peut exiger de les corriger fermement, mais aussi de subir parfois leurs injustices, en vue d'un plus grand bien.

Le signe de la dignité d'enfant de Dieu, c'est l'amour des ennemis.

Nouvelle mesure : « Comme je vous ai aimés »

Par ailleurs, alors que l'ancienne Loi prescrivait aux Juifs d'aimer le prochain « comme soi-même », Jésus a introduit une nouvelle *mesure*, beaucoup plus élevée. A la dernière Cène, la veille de sa Passion, il nous a livré ce testament :

> Je vous donne un commandement nouveau : *que vous vous aimiez les uns les autres* ; *que*, comme je vous ai aimés, *vous vous aimiez aussi les uns les autres (Jn 13, 34).*

Sainte Thérèse de l'Enfant-Jésus commente :

> Lorsque le Seigneur, dans l'ancienne Loi, ordonnait à son peuple d'aimer son prochain comme soi-même, il n'était pas encore descendu sur la terre et, sachant bien à quel degré l'on aime sa propre personne, il ne pouvait demander davantage. Mais lorsque Jésus fait à ses apôtres un commandement nouveau, *son commandement à lui*, il n'exige plus seulement d'aimer son prochain comme soi-même, mais comme il l'aime lui-même, *comme il l'aimera jusqu'à la consommation des siècles*[122].

---

[121] Saint AUGUSTIN, *Commentaire de l'Épître de saint Jean*, Tr. 10, n. 7, PL 35, 2059.
[122] Sainte THÉRÈSE DE L'ENFANT-JÉSUS DE LA SAINTE FACE, *Histoire d'une âme*, ch. IX.

LA VRAIE VIE CHRÉTIENNE, A LA SUITE DE SAINT DOMINIQUE

Nous devons alors nous poser la question : comment le Christ nous a-t-il aimés ? Saint Thomas d'Aquin répond : il nous a aimés gratuitement, efficacement, miséricordieusement.

Il nous a aimés *gratuitement* prenant lui-même l'initiative.

> *Ce n'est pas nous qui avons aimé Dieu, mais lui qui nous a aimés le premier,* dit saint Jean *(1 Jo 4, 10).*

En effet, l'amour de Dieu est fort différent de celui des créatures. Nous aimons ce qui est bon, ce qui est bien, tandis que l'amour de Dieu est essentiellement actif. Possédant une plénitude absolue d'être, il ne saurait être attiré par un bien créé. C'est *parce* que Dieu aime ses créatures, absolument librement, que celles-ci sont bonnes. « L'amour de Dieu infuse et crée la bonté dans les choses », dit saint Thomas (I, 20, 2). Et ainsi, aucune créature n'est exclue de cette charité :

> *Vous aimez toutes les créatures, et vous ne haïssez rien de ce que vous avez fait ; si vous aviez haï une chose, vous ne l'auriez pas faite (Sg 11, 24).*

Nous trouvons un vestige de cela dans l'amour des parents – et surtout des mères – pour leurs enfants : c'est essentiellement un don, ils travaillent essentiellement à leur bien et n'en retirent pour eux que peu d'avantages. Et cet amour demeure fidèle même quand les enfants sont ingrats.

De même, il appartient au chrétien de *faire les premiers pas* dans les manifestations de l'amour fraternel. En effet, vis-à-vis de Dieu, sa charité ne peut être que réponse. Aussi ne lui reste-t-il que le prochain pour exprimer la spontanéité gratuite de sa charité.

*
* *

Ainsi saint Dominique, à l'exemple de Notre-Seigneur, payait-il lui-même le prix de la conversion des pécheurs.

> *Chaque nuit il se donnait de sa propre main trois fois la discipline avec une chaîne de fer : une fois pour lui-même, une autre*

pour les pécheurs qui sont dans le monde, la troisième fois pour ceux qui souffrent en purgatoire [123].

[Une fois] *il avait rencontré un certain infidèle, qu'il engageait et exhortait à revenir au sein fidèle de notre mère l'Église. Mais l'homme invoquait en réponse la nécessité de la vie matérielle qui l'obligeait à demeurer dans la société des infidèles : les hérétiques lui assuraient la subsistance qu'il n'avait pas la possibilité d'obtenir d'une autre façon. Dominique, compatissant au plus profond de ses sentiments, décida de se vendre et de racheter au prix de sa liberté la misère de l'âme en péril. Il l'aurait fait, si le Seigneur qui est riche envers tous n'avait procuré d'ailleurs de quoi réparer l'indigence de l'homme* [124].

Ensuite, le Christ nous a aimés *efficacement* : il est mort pour nous. Nous devons donc, à son exemple, nous aimer efficacement les uns les autres.

N'aimons point de parole et de langue, mais en action et en vérité, dit encore saint Jean *(1 Jo 3, 18)* [125].

Saint Dominique était prêt à tout pour secourir le prochain.

Au temps où il poursuivait ses études à Palencia, une grande famine s'étendit sur presque toute l'Espagne. Ému par la détresse des pauvres et brûlant en lui-même de compassion [...] il vendit tous les livres qu'il possédait – pourtant vraiment indispensables – et toutes ses affaires. [...] Par cet exemple de bonté, il anima si fort le cœur des autres théologiens et des maîtres, que ceux-ci, découvrant l'avarice de leur négligence en présence de la générosité du jeune homme, se mirent à répandre dès lors de très larges aumônes [126].

---

[123] CONSTANTIN D'ORVIETO, *Legenda Sancti Dominici*, éd. Scheeben, Rome, 1935, Monumenta Ord. Fr. Præd. historica XVI.
[124] Bienheureux JOURDAIN de SAXE O.P., *Libellus de principiis Ordinis Fratrum Prædicatorum*, n° 35.
[125] Saint THOMAS D'AQUIN, *Commentaire de l'Évangile selon saint Jean*, ch. 13.
[126] Bienheureux JOURDAIN de SAXE O.P., *Libellus de principiis Ordinis Fratrum Prædicatorum*, n° 10.

Enfin, le Christ nous a aimés *miséricordieusement*. La misère du prochain ne saurait donc être un motif de ne pas l'aimer ; au contraire, c'est une raison de nous donner à lui par amour. Nous l'avons vu tout à l'heure : il nous faut aimer le prochain *pour Dieu*.

Le secret de la perfection

Mais comment atteindre une telle perfection ? Saint Thérèse de l'Enfant-Jésus s'est posée la question, a réfléchi, prié et trouvé la solution : par la grâce, Dieu vient *lui-même* en notre âme aimer le prochain.

Ah ! Seigneur, je sais que vous ne commandez rien d'impossible ; vous connaissez mieux que moi ma faiblesse et mon imperfection, vous savez bien que jamais je ne pourrais aimer mes sœurs comme vous les aimez, si vous-même, ô mon Jésus, ne les aimez encore en moi [127].

Saint Thomas enseigne exactement dans le même sens que Dieu nous fait participer à sa propre charité.

De même qu'on nous dit bons par la bonté divine, sages par la sagesse divine, du fait que la bonté qui est en nous est une participation de la bonté divine, et la sagesse qui est en nous, une participation de la sagesse divine ; de même, la charité par laquelle nous aimons le prochain est une participation de la charité divine (II-II, 23, 2, ad 1um).

De même encore l'apôtre saint Jean :

Si nous nous aimons les uns les autres, Dieu demeure en nous, et son amour est parfait en nous (1 Jo 4, 12).

Ainsi, l'agapè fraternelle est donc moins un amour prescrit pour ressembler à Dieu et se conformer à l'exemple du Christ, *que la mise en œuvre et la participation* de l'amour de prédilection porté par Dieu lui-même à tous ses engendrés [128].

---

[127] Sainte THÉRÈSE DE L'ENFANT-JÉSUS DE LA SAINTE FACE, *Manuscrits autobiographiques*, Manuscrit C, 12v°.
[128] Ceslas SPICQ O. P., *L'amour de Dieu révélé aux hommes*, Paris, Éditions du feu nouveau, 1978, p. 194.

La pratique concrète de la charité fraternelle

Maintenant, il faut tout de même réfléchir à la pratique concrète de la charité fraternelle dans notre vie.

> *Notre vie réelle, nos rapports avec nos semblables, nos frères, se réduisent à une série de circonstances, en soi fort banales, de détails petits, insignifiants, terre à terre. Et c'est là qu'il s'agit d'être charitable, de s'oublier, de se gêner, de se donner : passer à côté de ces petites occasions, c'est laisser notre charité dans le domaine du rêve, de la chimère. Avoir l'œil ouvert, discerner dès l'abord et saisir ces petites occasions, c'est en fait, toute la pratique vraie de la charité* [129].

L'influence de la charité sur les vertus morales

Aimant Dieu, nous ne voulons plus vivre, penser, aimer et agir que pour lui : tel est le but qui prime tout. Cette forme du vouloir passera donc dans tous les actes du vouloir. Les actes de toutes les vertus en seront pénétrés. La charité surélèvera les actions vertueuses en autant d'œuvres d'amour. Dieu les regarde sous cet angle ; à travers elles, il voit notre cœur qui les lui offre [130].

Les traits propres de la charité chrétienne

La miséricorde

Le trait le plus caractéristique de la charité chrétienne est la miséricorde. La plupart des philosophes païens la regardaient comme une déficience, voire une maladie qui trouble la paix de l'âme et n'est excusable peut-être que chez les vieillards et les en-

---

[129] Louis LIAGRE C.S. Sp., *Retraite avec sainte Thérèse de l'Enfant-Jésus*, Lisieux, Éditions des Annales de sainte Thérèse de Lisieux, 1940, p. 95.
[130] « La charité ordonne les actes de toutes les autres vertus à la fin ultime. Ainsi, elle donne aussi à ces actes leur forme. Et c'est pour cela qu'elle est dite forme des vertus, car les vertus elles-mêmes ne sont telles que par rapport aux actes formés » (II-II, 23, 8).

fants. Notre-Seigneur, au contraire, en a donné l'exemple, l'a enseignée, particulièrement dans le *Sermon sur la Montagne*, et l'a rangée parmi les béatitudes.

Comment doit-elle se traduire dans notre agir ?

Le pardon

D'abord, apprenons à pardonner, et du fond du cœur.

> *Si vous pardonnez aux hommes leurs fautes, votre Père céleste vous pardonnera aussi. Mais si vous ne pardonnez pas aux hommes, votre Père ne pardonnera pas non plus vos fautes (Mt 6, 14-15).*

Le pardon des offenses fait partie de notre héritage proprement chrétien. Elle dépasse complètement la capacité naturelle de l'homme. C'est vraiment un fruit de la grâce. Dans le paganisme, le souvenir des injustices subies peut se transmettre de génération en génération. Mgr Lefebvre rapportait ce trait de son expérience missionnaire :

> *Ils ont de telles haines... des haines raciales ou des haines de tribus à tribus, de familles à familles, qui se perpétuent... et ils sont prêts dans leur cœur, s'ils le pouvaient, à assassiner, à empoisonner ou à faire disparaître quelqu'un. Parce que, comme la mort naturelle n'existe pas, on recherche toujours celui qui a causé la mort, alors on va demander au féticheur, qui dira : « Ça, c'est un tel qui l'a fait ! C'est lui, parce que, il y a longtemps... moi je connais les traditions, et la famille, le grand-père, l'arrière-grand-père, etc. avaient déjà eu des histoires avec la famille, donc c'est celui-là qui a tué... »* [131]

Aujourd'hui aussi, dans la société déchristianisée, le vrai pardon se fait plus rare.

Pendant la Guerre de Vendée, en avril 1793, après une victoire sur les troupes républicaines, des soldats de l'Armée catholique voulurent fusiller leurs prisonniers. Les Bleus avaient, en effet, commis de nombreux crimes de guerre, assassiné sans pitié des femmes et des enfants. Le général d'Elbée n'arrivait pas à retenir ses soldats. Il leur dit donc : « Prions d'abord un *Notre Père*. » Et

---

[131] Mgr Marcel LEFEBVRE, Conférence spirituelle à Écône, le 22 janvier 1982.

lorsqu'ils furent arrivés à ces mots « Et pardonnez-nous nos offenses comme nous pardonnons à ceux qui nous ont offensés », d'Elbée les arrêta et leur dit : « Ne mentez pas à votre Dieu ! » Alors les Vendéens pardonnèrent aux soldats ennemis et les épargnèrent une fois de plus...

*
* *

Saint Dominique, de même, ne répondait pas aux offenses des hérétiques.

> Il supportait avec une admirable patience les malédictions et les paroles injurieuses, et c'est avec joie qu'il les recevait, comme un don et une grande récompense. Il ne se laissait jamais abattre dans les persécutions [132].
>
> Il ne rendait pas le mal pour le mal, ni une malédiction pour une malédiction ; mais il bénissait ceux qui le maudissaient [133].

Aux yeux de Dieu, le pardon, la réconciliation passent avant le sacrifice. C'est dire leur importance !

> *Ainsi,* dit Notre-Seigneur, *lorsque vous apportez votre offrande à l'autel et que là vous vous souvenez que votre frère a quelque chose contre vous, laissez votre offrande devant l'autel et partez, réconciliez-vous d'abord avec votre frère ; puis venez offrir votre offrande* (Mt 5, 23-24).

Rendre service sans compter

Apprenons aussi à rendre service sans compter ; soyons prêts à donner davantage que ne l'exige la stricte justice. Notre-Seigneur dit :

> *A celui qui veut t'appeler en justice pour avoir ta tunique, abandonne encore ton manteau. Et si quelqu'un veut t'obliger à faire mille pas, fais-en avec lui deux mille. Donne à qui te demande, et ne cherche pas à éviter celui qui veut te faire un emprunt* (Mt 5, 40-42).

---

[132] Déposition de Guillaume PEYRONNET au procès de canonisation de Bologne, juillet 1233.
[133] Déposition de Frère BUONVISO au procès de canonisation de Bologne, juillet 1233.

LA VRAIE VIE CHRÉTIENNE, A LA SUITE DE SAINT DOMINIQUE

Sainte Thérèse de l'Enfant-Jésus l'a pratiqué : le dimanche et pendant les jours de fête, elle composait les poèmes que lui demandaient ses sœurs, sans garder de temps pour elle. Elle était toujours prête à être interrompue dans son activité, sans manifester de mécontentement. Elle passait même délibérément devant la porte de la sacristie, afin que les sœurs puissent lui demander de l'aide ! Elle avait compris les paroles de Jésus :

> *Abandonner son manteau c'est, il me semble, renoncer à ses derniers droits, c'est se considérer comme la servante, l'esclave des autres.* [...] *Ce n'est pas assez de donner à quiconque me demande, il faut aller au-devant des désirs, avoir l'air très obligée et très honorée de rendre service* [134].

Notre-Seigneur a pratiqué cela le premier, pour nous donner l'exemple.

> *Le Fils de l'homme est venu, non pour être servi, mais pour servir et donner sa vie pour la rançon d'un grand nombre (Mc 10, 45).*

Ici, de nouveau, l'Évangile s'élève très haut au-dessus des autres religions. Jean-Marie Setbon, ce rabbin converti déjà cité, donne ce témoignage :

> *Dans le judaïsme orthodoxe, on ne trouve pas de femmes ni d'hommes qui partent dans des bidonvilles prendre soin de toute personne.* [...] *Je n'ai jamais entendu un rabbin me dire de me faire serviteur de mon frère.* [...] *En devenant chrétien, j'ai appris à aimer l'autre, l'autre en tant que tel, et pas seulement parce qu'il est membre de ma communauté. Cela a été une révolution, une nouvelle puissance intérieure, cela m'a donné un regard neuf, un cœur neuf, des sentiments neufs* [135].

L'amour missionnaire

Une autre forme de miséricorde, qui suit spontanément le progrès de la charité, c'est l'inclination à porter à toutes les âmes la bonne nouvelle de l'Évangile. Le Père a envoyé son Fils donner

---

[134] Sainte THÉRÈSE DE L'ENFANT JÉSUS DE LA SAINTE FACE, *Manuscrits autobiographiques*, Manuscrit C, 16v°-17r°.
[135] Jean-Marie Élie SETBON, *De la kippa à la croix*, Paris, Salvator, 2007, p. 184.

sa vie en rançon pour le salut des âmes, mais aussi pour se révéler plus complètement aux hommes.

> *Dieu, personne ne le vit jamais : le Fils unique, qui est dans le sein du Père, c'est lui qui l'a fait connaître (Jn 1, 18).*

Le Saint-Esprit, l'Esprit du Fils, qui vit dans nos cœurs, nous communique nécessairement cette aspiration au salut des âmes. Le sacrement de confirmation imprime en nous le caractère de défenseur, de confesseur de la foi.

> *Par la confirmation, on devient soldat du Christ,* dit le pape Pie XI. *Or, qui ne voit que le soldat doit affronter les fatigues et les combats moins pour lui-même que pour les autres ?* [136]

Le zèle des âmes doit nous presser ! Le pape Léon XIII exhortait ainsi les fidèles :

> *Dans un tel déferlement universel d'opinions qui tient de la folie, c'est la mission de l'Église de protéger la vérité et d'arracher l'erreur des âmes. [...] Mais quand les circonstances en font une nécessité, ce ne sont pas seulement les prélats qui doivent veiller à l'intégrité de la foi, mais, comme le dit saint Thomas : « Chacun est tenu de manifester publiquement sa foi, soit pour instruire et encourager les autres fidèles, soit pour repousser les attaques des adversaires » (II-II, 3, 2, ad 2)* [137].

Dans la *sphère privée*, ne manquez donc pas, selon vos capacités, d'une part, de faire connaître la religion au prochain, lorsque les circonstances s'y prêtent, d'autre part, de défendre l'Église et la foi, lorsqu'elles sont attaquées. Dans le *domaine public*, votre zèle doit s'exercer dans la dépendance du clergé.

Saint Dominique brûlait ainsi du zèle des âmes.

> *Une de ses demandes fréquentes et singulières à Dieu était qu'il lui donnât une charité véritable et efficace pour cultiver et procurer le salut des hommes : car il pensait qu'il ne serait vraiment membre du Christ que le jour où il pourrait se donner tout entier, avec toutes ses forces, à gagner des âmes, comme le Seigneur Jé-*

---

[136] PIE XI, Lettre apostolique *Ex officiosis litteris* du 10 novembre 1933.
[137] LÉON XIII, Encyclique *Sapientiæ christianæ* du 10 janvier 1890.

LA VRAIE VIE CHRÉTIENNE, A LA SUITE DE SAINT DOMINIQUE

sus, Sauveur de tous les hommes, se consacra tout entier à notre salut [138].

En fondant son Ordre pour la propagation de la foi, il a pris soin que son apostolat fût appuyé sur la vie intérieure, sur l'intimité de l'âme avec Dieu, de sorte que la prédication jaillisse de la contemplation. Saint Thomas a synthétisé ce principe dans la célèbre formule « *contemplata aliis tradere* – *transmettre aux autres ce qu'on a contemplé* » (II-II, 188, 6). Ce principe doit s'appliquer aussi dans votre apostolat. Un père trappiste dit :

Pour tendre une main secourable aux perdus de l'amour, égarés sur de mini-objets, il faut se perdre soi-même dans l'amour pour Dieu, le véritable Objet [139].

Conclusion

Le saint Évangile, c'est-à-dire étymologiquement « la bonne nouvelle », abonde en sève puissante, capable de renouveler complètement le monde et chacune de nos âmes, dans la mesure où, conscients de notre indigence, de notre insuffisance, nous y puisons avec avidité, pour entrer dans la profondeur de la vraie vie chrétienne. Elle se résume dans la vie théologale de foi, d'espérance et de charité, libérée par la pratique de la mortification, et rejaillissant dans le service du prochain.

Tu aimeras le Seigneur ton Dieu de tout ton cœur, de toute ton âme et de tout ton esprit : voilà le plus grand et le premier commandement. Le second lui est semblable : *Tu aimeras ton prochain comme toi-même. A ces deux commandements se rattache toute la Loi, ainsi que les Prophètes (Mt 22, 36-40).*

Le signe de la vraie vie chrétienne

La pratique de la charité fraternelle est le sceau tangible de l'authenticité de la vie intérieure. Saint Jean ne cesse de le répéter dans sa première épître :

---

[138] Bienheureux JOURDAIN de SAXE O.P., *Libellus de principiis Ordinis Fratrum Prædicatorum*, n° 13.
[139] Père Jérôme KIEFER O. Cist., *Écrits monastiques*, Paris, Le Sarment, 2002.

> *Celui qui dit être dans la lumière et qui hait son frère est encore dans les ténèbres (1 Jn 2, 9).*
>
> *Nous, nous savons que nous sommes passés de la mort à la vie, parce que nous aimons nos frères. Celui qui n'aime pas demeure dans la mort (1 Jn 3, 14).*

Sainte Thérèse d'Avila assure dans le même sens :

> *La marque la plus sûre, à mon avis, pour savoir si nous avons ce double amour* [de Dieu et du prochain], *consiste à aimer véritablement le prochain ; car nous ne pouvons avoir la certitude que nous aimons Dieu, bien que nous en ayons des indices très sérieux ; mais nous pouvons savoir sûrement si nous aimons le prochain. Soyez certaines que plus vous découvrirez en vous de progrès dans l'amour du prochain, plus vous serez avancées dans l'amour de Dieu.* [...] *A mon avis, notre nature est tellement dépravée, que si notre amour pour le prochain ne prenait ses racines dans l'amour même de Dieu, il ne pourrait s'élever à la perfection* [140].

Le Saint-Esprit, source de la charité fraternelle

Ainsi, ce qui semble impossible à notre nature blessée devient réalisable, si nous vivons résolument de la grâce surnaturelle, reçue du Saint-Esprit. Dans la mesure où une âme exerce ses vertus théologales, dans la mesure où elle *vit* de foi et d'amour, elle *devient* une source. Et plus sa sainteté grandit, plus la source s'épanche en flots pressés et abondants. Tel est le sens de l'exclamation de Jésus au Temple lors de la dernière fête des tabernacles de sa vie publique :

> « *Si quelqu'un a soif, qu'il vienne à moi, et qu'il boive. Celui qui croit en moi, de son sein, comme dit l'Écriture, couleront des fleuves d'eau vive.* » *Il disait cela de l'Esprit que devaient recevoir ceux qui croiraient en lui (Jn 7, 37).*
>
> *Aussitôt que la grâce de l'Esprit-Saint est entrée dans une âme et y établit son règne,* commente saint Jean Chrysostome, *elle déborde et*

---

[140] Sainte THÉRÈSE D'AVILA, *Le château de l'âme*, 5es demeures, ch. 3.

jamais elle ne s'épuise ; c'est un torrent ou plutôt des torrents, suivant l'expression de Jésus-Christ [141].

Toutes les âmes qui sont venues à Jésus ont trouvé en lui une source d'eau vive qui, descendant en eux, vivifiait leurs pensées, leurs affections, et qui ensuite donnait de la vigueur à leurs actes. Et non seulement elles ont puisé pour elles, mais elles sont devenues elles-mêmes pour beaucoup d'autres des sources d'eau vive [142].

Le signe de la véracité du christianisme

Enfin, la charité fraternelle est une note de la sainteté de l'Église catholique ; elle permet de discerner la vraie religion dans le monde.

Notre-Seigneur a pratiqué toutes les vertus et les a prescrites aux siens, mais la charité fraternelle seule est spécifique et devint institutionnelle : « *C'est à cela que tous reconnaîtront que vous êtes mes disciples, si vous avez de l'amour de charité les uns pour les autres (Jo 13, 35).* » *Cela suppose que cet amour est* actif et manifeste, *une présence tangible et permanente de Dieu dans le monde qui puisse jouer le rôle de témoignage et de preuve ; une dilection si particulière qu'elle ne puisse être confondue avec aucune contrefaçon.*

L'agapè est la « *note* » *de l'Église visible, parce que nul ne peut posséder cet amour sans être choisi et aimé de Dieu qui le lui transmet par son Fils aimé* [143].

Saint Thomas d'Aquin y voit comme un insigne du chrétien, soldat de Dieu en ce siècle :

Il faut savoir, dit-il, *que tout homme compté dans la milice d'un roi se doit d'en porter les insignes. Or les insignes du Christ sont les insignes de la charité. Donc quiconque veut être compté dans la milice du Christ doit être marqué du sceau de la charité* [144].

---

[141] Saint JEAN CHRYSOSTOME, *Homélie 51*, n. 1.
[142] Th. M. THIRIET O.P., *L'Évangile médité avec les Pères*, Paris, Libraire Victor Lecoffre, 1906, t. III, p. 254.
[143] Ceslas SPICQ O.P., *L'amour de Dieu révélé aux hommes*, Paris, Éditions du feu nouveau, 1978, p. 189-190.
[144] Saint THOMAS D'AQUIN, *Commentaire de l'Évangile selon saint Jean*, ch. 13, [1839].

Table des matières

La vraie vie chrétienne...1
La passion de la vérité...5
   Grandeur du don de la foi..7
   Nature de la foi..8
   La cause efficiente de la foi...13
   Leçons...16
L'ancre de l'espérance..21
   Nature de l'espérance...22
   Les obstacles et les appuis de l'espérance....................25
   La consommation de l'espérance....................................33
   Leçons...35
Le feu de la charité..41
   Un amour d'amitié..45
   Un amour surnaturel..53
   Leçons...55
   Conclusion...58
La force de la prière..61
   Pourquoi prier ?...62
   Des maîtres pour prier...65
   Les formes de la prière...70
   Leçons...79
   Conclusion...81
La pénitence salutaire...83
   L'état de la nature humaine..84
   L'ascèse chrétienne...92
   Conclusion...104
Le rayonnement de la vie chrétienne..................................107
   Nature de la charité fraternelle....................................108
   Spécificité de l'amour de charité...................................112
   La pratique concrète de la charité fraternelle............120
   Conclusion...125